Über dieses Buch

Der berühmte amerikanische Psychiater faßt in dem vorliegenden Buch auf brillante Weise die Ergebnisse seiner jahrzehntelangen Forschungsarbeit über schizophrene Störungen zusammen. Seine einheitliche Theorie des Ursprungs der Schizophrenie ist zugleich umfassend, einfach und klar formuliert und durch Befunde langwieriger Familienuntersuchungen abgesichert. Im Gegensatz zur traditionellen Medizin, die die Ursache der Schizophrenie auch heute noch in biochemisch oder physiologisch erklärbaren Beeinträchtigungen der Hirnfunktionen oder in einer genetischen Prädisposition sucht, hält Theodore Lidz Verzerrungen des Familiensettings, also der Familien-Umwelt, für den hauptsächlichen Verursachungsfaktor schizophrener Störungen. Egozentrizität und gestörte Kommunikation der Eltern zwingen das Kind zu verzerrten Wahrnehmungsweisen und zu emotionaler wie kognitiver Regression, kurz: bringen auf verheerende Weise seine psychische Entwicklung zum Stillstand. Ausgehend von diesem theoretischen Ansatz bietet Lidz im letzten Kapitel des Bandes eine Therapie an, die sich konsequent an die Entwicklungsbedürfnisse des schizophrenen Patienten hält. Der für seine Arbeit mit zahlreichen wissenschaftlichen Preisen ausgezeichnete Autor trägt mit dem vorliegenden Band nicht nur zum Verständnis der Schizophrenie bei, sondern vermittelt auch neue Einsichten in die Risiken menschlicher Entwicklung.

Über den Autor

Theodore Lidz ist Professor für Psychiatrie an der Yale University School of Medicine in New Haven und Verfasser zahlreicher wissenschaftlicher Bücher und Artikel. Für seine Arbeiten auf dem Gebiet der Psychiatrie und Psychotherapie ist Professor Lidz wiederholt ausgezeichnet worden, zuletzt mit dem *Career Research Reward* des amerikanischen *National Institute of Mental Health*. Eine Übersetzung seines Buches *The Family and Human Adaption* erschien 1971 unter dem Titel *Familie und psychosoziale Entwicklung* im S. Fischer Verlag.

Theodore Lidz

Der gefährdete Mensch

Ursprung und Behandlung
schizophrener Störungen

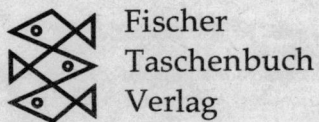

Fischer
Taschenbuch
Verlag

Ursprünglich in gekürzter Fassung als *Thomas William Salmon Lectures* an der *New York Academy of Medicine* vorgetragen (Dezember 1967). Die 1931 zum Gedenken an Dr. Salmon eingerichteten Vorlesungen sind der Förderung von Aufgaben gewidmet, denen der Wissenschaftler seine berufliche Laufbahn verschrieben hatte. Dr. Salmon starb 1927 im Alter von 51 Jahren nach außergewöhnlichen Verdiensten in der psychiatrischen Praxis und Ausbildung sowie bei der Durchsetzung einer weltweiten Bewegung zugunsten einer verbesserten Behandlung und Vorbeugung psychischer Störungen.

Fischer Taschenbuch Verlag
September 1976
Deutsche Erstausgabe
Umschlagentwurf: Jan Buchholz/Reni Hinsch
Die amerikanische Originalausgabe erschien 1973 unter dem Titel
›The Origin and Treatment of Schizophrenic Disorders‹
bei Basic Books, New York
© 1973 by Theodore Lidz
Aus dem Amerikanischen von Willi Köhler
Wissenschaftliche Beratung Heinrich Deserno
Für die deutsche Ausgabe:
© Fischer Taschenbuch Verlag GmbH, Frankfurt am Main 1976
Satz: Gutfreund & Sohn, Darmstadt
Gesamtherstellung: Hanseatische Druckanstalt GmbH, Hamburg
Printed in Germany 1976
580-ISBN 3 436 02326 4

Inhalt

Zum Gedenken an den Großvater meiner Kinder

KARL WILMANNS,

der den größten Teil seines Berufslebens dem Studium schizophrener Zustände widmete, bis die Zeit nahte, da ein Mann sich zu erheben hatte, um zu zählen, und er erhob sich . . .

Vorwort zur deutschen Ausgabe

Der für die deutsche Ausgabe des Buches gewählte Titel »Der gefährdete Mensch« läßt vermuten, daß Übersetzer und Verlag sich der Tatsache bewußt sind, daß der Band auch über das Verständnis der Schizophrenie und die Behandlung schizophrener Patienten hinaus von Bedeutung ist. Auf dem zweiten Weltkongreß für Psychiatrie 1957 in Zürich habe ich in einem Vortrag unter anderem erklärt: »Ich glaube . . ., daß die Erforschung der schizophrenen Reaktionen* für die Wissenschaft vom Menschen eine Bedeutung besitzt, die über die der Hilfe für Abertausende von leidenden Patienten hinausgeht. Es sind Anzeichen dafür vorhanden, daß eine befriedigende Klärung der Schizophrenie gleichlaufend und gleichbedeutend mit der Eröffnung ganz neuer Erkenntnisse über die Integration und das emotionale Gleichgewicht des Menschen ist.«

Die Klärung schizophrener Störungen ist deshalb von so weitreichender Bedeutung, weil diese Störungen ein Versagen der spezifisch menschlichen Anpassungs- und Überlebenstechniken darstellen. Die menschliche Spezies unterscheidet sich von allen anderen Organismen, weil sie auf ihre Fähigkeit zur Sprachverwendung angewiesen ist, um reflektierend denken, mit anderen effektiv zusammenarbeiten und Kultur entwickeln zu können. Solange wir nicht begreifen, daß Menschen mit einer zweifachen Ausstattung zu Welt kommen, mit einem genetischen Erbgut und einem kulturellen Erbe, können wir die menschliche Entwicklung und Fehlentwicklung niemals richtig verstehen. Die Gene geben unsere körperliche Ausstattung weiter, zu der die Fähigkeit gehört, Sprache zu erwerben und zu verwenden, doch unser kulturelles Erbe, einschließlich unserer Sprache, müssen wir uns bei denen, die uns aufziehen, aneignen. Es steht jedoch nicht von vornherein fest, daß die Familie in der Lage sein wird, ihre verschiedenen Funktionen angemessen zu erfüllen. Tatsächlich häufen sich Beweise dafür, daß viele psychiatrische Störungen, einschließlich vieler psychosomatischer Leiden, mit Störungen in der Ursprungsfamilie des Menschen zusammenhängen.

In der vorliegenden Arbeit habe ich zu klären versucht, wie schizophrene Störungen sich aus ziemlich spezifischen Unzulänglichkeiten der Familie entwickeln können, vor allem wie gewisse Formen abweichender Familientransaktionen aufgrund elterlicher Persönlichkeitsstörungen bei den Kindern eine schizophrene Erkrankung hervorrufen können. Wenn-

---

* Siehe Anmerkung am Ende des Vorwortes zur deutschen Ausgabe.

gleich für die Ätiologie schizophrener Störungen ein genetischer Faktor von Bedeutung sein mag, so versucht die hier dargestellte Theorie nichtsdestoweniger nachzuweisen, warum es unnötig ist, eine genetische Störung vorauszusetzen, und warum die hohe familiäre Inzidenz (Auftreten) der Schizophrenie nicht unbedingt auf einen genetischen Faktor hinweisen muß.

Die hier dargestellte Theorie beruht auf den über viele Jahre hin an der Yale-Universität durchgeführten Untersuchungen von Familien schizophrener Patienten; einige dieser Untersuchungen sind in deutscher Übersetzung veröffentlicht worden.[1] Sie beruht jedoch auch auf anderenorts durchgeführten Untersuchungen schizophrener Patienten und ihrer Familien wie auch auf Forschungsarbeiten in zahlreichen anderen Bereichen.

Eine Theorie sucht Daten, also Fakten, Bedeutung zu verleihen. Sie besteht nicht aus Fakten. Es ist vielmehr ihr Bemühen, logische Beziehungen zwischen verschiedenen Beobachtungen herzustellen und sie mit der Gesamtheit wissenschaftlicher Erkenntnis zu verbinden oder in diese Gesamtheit hineinzustellen. Eine wichtige Aufgabe des Wissenschaftlers besteht in der Vereinfachung mit Hilfe von Prinzipien, die geeignet sind, komplexe und augenscheinlich widersprüchliche Phänomene zu vereinigen und einer Ordnung zu unterstellen. Zur Erfüllung dieser Aufgabe bedarf es des Denkens – einer Zutat, die bei Forschungsarbeiten nur zu häufig fehlt. Die Befunde aus den Untersuchungen von Familien schizophrener Patienten ließen sich weder mit den verschiedenen Theorien über die Ätiologie der Schizophrenie, die zu Beginn unserer Forschungsarbeit bestanden, noch mit wesentlichen Aspekten der psychoanalytischen Theorie vereinbaren. Um die Befunde in einen kohärenten Bezugsrahmen stellen zu können, war es erforderlich, folgende Fragen zu klären: die Gründe, warum Kinder überall in Familien aufwachsen, und was Familien ihren Kindern bereitstellen müssen; die zentrale Rolle der Sprache für die menschliche Funktionstüchtigkeit; und die Beziehung zwischen der Familie eines Kindes und seinem Spracherwerb sowie anderen instrumentalen Techniken. So basiert die hier dargestellte Theorie nicht nur auf verschiedenen

[1] Neun Arbeiten sind unter dem Titel »Zur Familienumwelt der Schizophrenen« als Sonderdruck der im Ernst Klett Verlag, Stuttgart, erscheinenden Zeitschrift »Psyche« (XIV, 1959/1960) veröffentlicht worden. Diese Aufsatzsammlung enthält eine längere Einführung, die Art und Grundlage der Forschungsarbeit beschreibt. Weitere in Deutsch erschienene Aufsätze sind: »Familie, Sprache und Schizophrenie«, Psyche, 22, 1968, S. 701–719, und »Der Einfluß von Familienuntersuchungen auf die Behandlung der Schizophrenie«, Psyche, 26, 1972, S. 169–190.

Untersuchungen schizophrener Patienten und der Familien schizophrener Patienten, sondern auch auf soziologischen Familienuntersuchungen, auf Untersuchungen, die der Frage nachgingen, wie Kinder Sprache erwerben, und auf Untersuchungen über die kognitive Entwicklung von Kindern; sie basiert ferner auf verschiedenen ethnologischen Studien, die uns die Bedeutung der Familie in höchst unterschiedlichen Gesellschaften, wie auch die Nützlichkeit von uns möglicherweise wahnhaft erscheinenden Gedanken für andere Menschen verstehen lassen; schließlich beruht die Theorie auf einer Untersuchung der autobiographischen Romane August Strindbergs, des genialen Schriftstellers, der an einer Schizophrenie erkrankte, und auf vielem mehr. Es sei besonders darauf hingewiesen, daß die Theorie weitgehend von den Untersuchungen und Konzepten Jean Piagets und seiner Mitarbeiter abhängt, ja, vielleicht hat die Piagetsche Theorie hier zum erstenmal einen wichtigen Platz in der Psychopathologie eingenommen.

Theorien sind keine endgültigen Antworten, sie sind keine Gesetze. Theorien sind Orientierungshilfen für die Forschung, kein Ersatz für Forschung. Die hier vorgestellte Theorie bringt Zusammenhang in ein bis dahin Verwirrung stiftendes Faktenmaterial. Sie erfordert, daß Psychiater ihr Denken über menschliche Funktionen und Fehlfunktionen neu ordnen; daher wird sie mit Sicherheit auf Widerstand stoßen. Ich hoffe, daß dieser Widerstand gegen die Theorie in ähnlicher Weise wie die Untersuchungen, die sie angeregt haben, manche Psychiater zu weiteren neuen und noch nützlicheren Konzepten über schizophrene Störungen gelangen läßt und damit unser Verständnis vom Wesen menschlicher Integration vertieft.

Der dritte Teil des Bandes veranschaulicht, auf welche Weise die Familienuntersuchungen und die dargestellte Theorie dazu beigetragen haben, die Behandlungsmethoden, die wir bei schizophrenen Patienten anwenden, fortzuentwickeln und zu verbessern.

Zum Schluß möchte ich die Gelegenheit, die mir geboten wurde, dieses Vorwort zu schreiben, dazu benutzen, dem Übersetzer Willi Köhler für seine Arbeit zu danken, nicht nur für die Sorgfalt, die er auf die Übersetzung verwandt, sondern auch für die Begeisterung, mit der er die Aufgabe übernommen hat, eine Begeisterung, die sich, wie ich glaube, in der Übersetzung widerspiegelt.

12. Dezember 1975   Theodore Lidz, M. D.
                      Yale University
                      New Haven, Connecticut

Vorwort

Eines Tages im Jahre 1967 erhielt ich einen unerwarteten Telefonanruf. Eine freundliche, vertraute, aber ein wenig ängstliche Stimme stellte mir die Frage, ob ich am nächsten Tag die zwei Salmon-Vorlesungen halten wolle (oder sagte sie: könne?). Der vorgesehene Redner, Don Jackson, war über Nacht schwer erkrankt, und der Text seiner Vorlesung war nicht aufzufinden. Die drei zur älteren Generation zählenden großen Psychiater Stanley Cobb, David Levy und Karl Menninger sollten für ihre zahlreichen Beiträge zur psychiatrischen Forschung Ehrenmedaillen in Empfang nehmen; folglich ließ sich die Veranstaltung nicht aufschieben. Über die Einladung habe ich mich sehr gefreut, und ich nahm sie gern an; sie stellte zugleich eine Herausforderung dar. Allerdings war ich auch enttäuscht. Zwar war in mir zuweilen flüchtig die Hoffnung aufgetaucht, ich könnte eines Tages aufgefordert werden, die Salmon-Vorlesungen zu halten, denn damit erhielte ich Gelegenheit, meine Untersuchungen, die mir solche Ehre eintrügen, in übersichtlicher Zusammenfassung vorzustellen, in gedrängter Form meine Gedanken über schizophrene Störungen vorzutragen oder meine grundlegende Auffassung von Psychiatrie, sozusagen meine Philosophie dieses Themas, zu skizzieren. An diesem Tag jedoch konnte ich nicht philosophieren, sondern mich nur »philosophischen« Gedanken über die Umstände hingeben, denn zum Nachdenken oder zum Schlafen blieb wenig Zeit, gerade noch genug, um verschiedene unveröffentlichte Arbeiten zu sichten, zu straffen und zu einem in sich geschlossenen und stimmigen Komplex von Vorlesungen zu gruppieren.

Mit dem vorliegenden Band möchte ich nicht so sehr ein Destillat der Untersuchungen vorlegen, die ich zusammen mit verschiedenen Kollegen* durchgeführt habe, um den familiären Rahmen, das Familiensetting, zu erforschen, in dem schizophrene Patienten heranwachsen, und die zu einem neuen Verständnis und zu neuen Formen der Behandlung schizophrener Patienten geführt haben – sondern ich möchte in erster Linie eine Theorie vorstellen, die den Untersuchungsergebnissen Kohärenz und Einheitlichkeit verleiht und die als Anleitung zu weiterer Forschung und zu einem rational überzeugenden therapeutischen Ansatz dienen kann. Der In-

* Vor allem Stephen Fleck, die verstorbene Alice Cornelison, Dorothy Terry, Cynthia Wild und Ruth Lidz.

halt dieses Buches stimmt nicht mit dem der Vorlesungen überein, die ich an jenem hektischen Tag vor etwa sechs Jahren gehalten habe. Das Buch kommt vielmehr den Vorlesungen nahe, die ich damals gern gehalten hätte, und unterscheidet sich dennoch von jenen Vorlesungen, die ich seinerzeit hätte halten können. Inzwischen ist Zeit vergangen. Aufgaben und Interessen in meiner neuen Position als Direktor einer große psychiatrischen Universitätsabteilung wie auch anderweitige Verpflichtungen haben über Jahre hin die Bearbeitung der Vorlesungen zum Zwecke der Veröffentlichung verhindert. Als ich schließlich wieder über die notwendige Zeit verfügte, hatten sich meine Auffassungen weiterentwickelt, und es waren neue Fragen aufgetaucht, die untersucht sein wollten, ehe ich das empfindliche Gleichgewicht relativer – und gewiß nur zeitweiliger – Lösung verwirrender Probleme erneut herstellen konnte.

Die meisten Ergebnisse unserer intensiven Beschäftigung mit den Familien schizophrener Patienten sind in dem Band *Schizophrenia and the Family* (Lidz, Fleck und Cornelison, 1965) enthalten; sie sind weitgehend bestätigt und darüber hinaus von anderen Forschern näher ausgeführt worden, und zwar noch zu einer Zeit, als wir unsere Untersuchungen durchführten und damit die Arbeiten anderer Wissenschaftler ergänzten, vor allem die von Wynne und Singer, von Bateson, Jackson, Haley und Weakland, von Y. O. Alanen und von M. Bowen. Obgleich diese und weitere Forscher unterschiedliche Auffassungen und Theorien hinsichtlich der Frage vertreten, welche Aspekte des gestörten Familienmilieus das Aufziehen schizophrener Kinder am überzeugendsten erklären, beziehen sich die Meinungsverschiedenheiten bis auf relativ wenige Ausnahmen nicht auf die klinischen Befunde, sondern vielmehr auf ihre Interpretation. In der Berichterstattung finden sich deshalb Unterschiede, weil unterschiedliche Techniken und Instrumente eingesetzt, weil unterschiedliche Segmente oder Aspekte der Familientransaktionen untersucht wurden oder weil die zur Erklärung der Befunde herangezogene theoretische Orientierung sich von Fall zu Fall unterschied.

Bei dem Versuch, die Ergebnisse durch eine zufriedenstellende Theorie über die Ätiologie der Schizophrenie zu verklammern, stellten sich Schwierigkeiten ein, für die verschiedene Gründe verantwortlich sind: das Ausmaß der Störungen im jeweiligen Familiensetting; theoretische Annahmen und vorgefaßte Meinungen über die Natur schizophrener Störungen wie auch über die Persönlichkeitsentwicklung; Mangel an Kenntnissen über die Funktion der Familie bei der Persönlichkeitsentwicklung und vor allem bei der sprachlich-linguistischen und kognitiven Entwicklung wie auch über die damit zusammenhängenden Fragen bezüglich der Rolle von Familie und Sprache bei der menschlichen Anpassung und Integration. Verschiedene begriffliche Probleme sind nach und nach geklärt worden und führten bisweilen zu signifikanten Änderungen im Verständnis menschlicher Entwicklung und Fehlentwicklung. Doch besonders ein Problem bereitete Schwierigkeiten. Durch konzentrierte Beschäftigung mit den Kommunikationsstörungen der Eltern ließen sich einigermaßen einleuchtende Erklärungen über die Ursache schizophrener Störungen erarbeiten. Bateson et al. waren zumindest zeitweilig der Ansicht, die Double-bind-These besitze genug Aussagekraft; Wynne und Singer konzentrierten ihr Interesse in zunehmendem Maße auf die Transaktionsstile der Eltern und gingen vor allem der Frage nach, wie der amorphe und fragmentarische Kommunikationsstil der Eltern die kognitive Entwicklung des künftigen Patienten beeinträchtigt; meine Mitarbeiter und ich hoben die »Transmission der Irrationalität« hervor; Laing und Esterson betonten den fortschreitenden Prozeß der »Mystifikation«. Solche Thesen widmen freilich relativ wenig Aufmerksamkeit den vielen anderen Unzulänglichkeiten und schädigenden Einflüssen der Eltern sowie dem von ihnen geschaffenen Familiensetting, das praktisch allen, die solche Familien einer sorgfältigen Prüfung unterzogen, ins Auge stach. Als kritisches Problem, das den Weg zu einer umfassenden Theorie über die Ursprünge schizophrener Störungen versperrte, erwies sich die Frage, ob eine Person aufgrund kognitiver Störungen im Gefolge falscher Kommunikationsstile seiner Eltern in eine schizophrene Desorganisation abgleitet, wie Bateson et al. anzunehmen scheinen; oder ob eine Person, die aufgrund verschiedener innerfamiliärer Entwicklungsstörungen keine funktionstüchtige Persönlichkeitsintegration erreicht hat, dann schizophren wird, wenn aufgrund abwegiger innerfamiliärer Kommunikation die Grundlagen ihrer kognitiven und sprachlichen Entwicklung unzureichend und mangelhaft sind, wie wir vorgeschlagen haben; oder ob zwischen all den verschiedenen Unzulänglichkeiten und Verzerrungen des Familienlebens, einschließlich der elterlichen Kommunikationsformen, ein fundamentaler Zusammenhang besteht, wie es dem Anschein entspricht.

Die in dem vorliegenden Band versuchte Synthese stellt die verschiedenen signifikanten Befunde der Familienuntersuchungen wie auch die wesentlichen klinischen Merkmale der schizophrenen Störungen in den Rahmen einer kohärenten

Theorie. Die Synthese entwickelte sich aus der Erkenntnis, daß den schwerwiegenden Störungen des Familiensettings eine weitgehende Egozentrik eines oder beider Elternteile zugrunde liegt; daß Sprach- und Denkstörungen als die kritischen Attribute schizophrener Störungen weitgehend die von Piaget und Wygotsky beschriebenen Formen egozentrischer kognitiver Regression zu früheren Entwicklungsstadien darstellen; und daß die gestörten Kommunikationsstile der Eltern, die als Manifestationen ihrer Egozentrik anzusehen sind, wichtige Vorläufer der kognitiven Regression des Patienten bilden, einer Regression, die dann eintritt, wenn der Patient die entscheidenden Entwicklungsaufgaben der Adoleszenz nicht bewältigen kann.

Die wesentlichen Aussagen der Theorie mögen äußerst abstrus klingen, wenn sie in einen einzigen Absatz zusammengedrängt werden; doch sie haben keineswegs den Charakter einer Übervereinfachung, sondern vielmehr den einer Einfachheit, wie sie plötzlich aufleuchten kann, wenn eine Synthese es erlaubt, die Dinge an den rechten Platz zu rücken, einer Einfachheit, die, wie ich glaube, sichtbar wird, wenn in den beiden Anfangskapiteln erst der Ansatz der Theorie erläutert und dann im dritten Kapitel veranschaulicht wird. Die Theoriebildung erforderte freilich eine grundlegende Neuorientierung der dynamischen Theorien über die Persönlichkeitsentwicklung, um die vielen wesentlichen Funktionen der Familie bei der Steuerung der Integration ihrer Kinder richtig würdigen zu können, eine Neuorientierung, wie sie im ersten Kapitel kurz gestreift wird; sie erforderte ferner eine neue Betrachtungsweise der Bedeutung von Sprache für die menschliche Anpassung und Funktionstüchtigkeit wie die Einbeziehung der von Piaget beschriebenen Stadien kognitiver Entwicklung in die Stadien der Persönlichkeitsentwicklung, wie sie im zweiten Kapitel dargestellt werden. Um auf den Kern zu kommen: Die Natur schizophrener Störungen läßt sich nur dann erfassen, wenn die kritische Rolle der Sprache für die Ich-Funktionen berücksichtigt wird; und wenn man sich des weiteren Klarheit über die Art und Weise verschafft, wie auf der einen Seite Sprach- und Denkstörungen zu schwerwiegenden Verhaltensstörungen führen und wie auf der anderen Seite die menschliche Verfassung über Möglichkeiten der Flucht aus einem unlösbaren Dilemma verfügt, indem die vom Bedeutungs- und Denksystem der jeweiligen Kultur auferlegten Schranken durchbrochen und auf dem Wege der Regression Formen magischen Denkens der frühen Kindheit wiederaufgegriffen werden.

Auf dem Zweiten Internationalen Kongreß für Psychiatrie von 1957, der dem Schizophrenieproblem gewidmet war, habe ich eine wissenschaftliche Arbeit vorgelegt, in der es heißt: »Ich glaube . . ., daß die Erforschung der schizophrenen Reaktionen für die Wissenschaft vom Menschen eine Bedeutung besitzt, die über die der Hilfe für Abertausende von leidenden Patienten hinausgeht. Es sind Anzeichen dafür vorhanden, daß eine befriedigende Klärung der Schizophrenie gleichlaufend und gleichbedeutend mit der Eröffnung ganz neuer Erkenntnisse über die Integration und das emotionale Gleichgewicht des Menschen ist.« Die in den folgenden Kapiteln dargestellte Auffassung schizophrener Störungen enthält neue Einsichten in die menschlichen Funktionsweisen, und daher ergeht an den Leser die Aufforderung, ohne vorgefaßte Meinungen an psychoanalytische und psychiatrische Annahmen heranzugehen, an Annahmen, die nicht nur unser Verständnis schizophrener Patienten, sondern gleichermaßen auch unser Verständnis der kindlichen Entwicklung – und mithin unsere Lehrmeinungen über sie – behindert und eingeschränkt haben.

Das Material des vorliegenden Bandes entspricht zwar weitgehend den Salmon-Vorlesungen, die ich 1967 gehalten habe, doch das erste Kapitel enthält darüber hinaus eine beschreibende Analyse von Familien, die ich dem 1969 in Montreal abgehaltenen Internationalen Colloquium über Psychosen in einer Arbeit mit dem Titel »Family Settings that Produce Schizophrenic Offspring« unterbreitet habe; in das zweite Kapitel sind Konzepte eingegangen, die ich unter dem Titel »The Family, Language, and the Transmission of Schizophrenia« für die 1967 in Puerto Rico veranstaltete Konferenz über die Ursprünge der Schizophrenie ausgearbeitet habe, die allerdings erheblich modifiziert worden sind, und zwar in Übereinstimmung mit einem weiteren Beitrag, den ich unter dem Titel »Egocentric Cognitive Regression and a Theory of Schizophrenia« dem im November 1971 in Mexico City durchgeführten Fünften Weltkongreß der Psychiatrie vorgelegt habe. Das dritte Kapitel schließlich enthält Gedanken, die ich im November 1968 unter dem Titel ›The Influence of Family Studies on the Treatment of Schizophrenia« in der 12. Annual Frieda Fromm-Reichmann Memorial Lecture vorgetragen habe, des weiteren auch Konzepte, die ich unter dem Titel »Schizophrenic Disorders: The Influence of Conceptualizations of Therapy« dem Vierten Internationalen Symposium über die Psychotherapie der Schizophrenie 1971 in Helsinki unterbreitet habe. Alle angeführten Arbeiten wurden jedoch entsprechend der in den folgenden Kapiteln erläuterten Theorie in ihren Aussagen modifiziert, wenn nicht abgeändert.

Es dürfte, so glaube ich, weithin bekannt sein, daß ich meinem Kollegen Stephen Fleck für viele in diesem Band enthaltenen Gedanken zu großem Dank verpflichtet bin, des weiteren der verstorbenen Alice Cornelison sowie Cynthia Wild und Ruth Lidz, die neben weiteren Mitarbeitern die Familienuntersuchungen gemeinsam mit mir durchgeführt haben. Außerdem möchte ich für die Anregungen danken, die mir andere Kollegen an der Yale-Universität gegeben haben, Kollegen, mit denen ich weiterhin Gedankenaustausch pflege – Sidney Blatt, Marshall Edelson, Kenneth Keniston, Robert Rubenstein; und besonders danke ich Malcolm Bowers, Frank Reilly und Martin Harrow, daß sie mir gestattet haben, Illustrationsmaterial aus ihren Untersuchungen über die Sprache Schizophrener zu verwenden. Ausdrücklich anmerken möchte ich auch, daß die im folgenden dargestellte Theorie den Arbeiten von Y. O. Alanen verpflichtet ist; des weiteren seien in Dankbarkeit erwähnt Lyman Wynne und Margaret Singer, Helm Stierlin, Gregory Bateson und der verstorbene Don Jackson, für den ich einsprang, als ich die ursprünglichen Vorlesungen hielt, und dessen früher Tod ein schmerzlicher Verlust für alle Wissenschaftler ist, die schizophrene Störungen und Familientransaktionen erforschen.

Wieder einmal ist es mir eine Freude, meine Dankbarkeit Hariette D. Borsuch zum Ausdruck zu bringen, nicht nur für die vorbereitende Arbeit an dem Manuskript des Buches, sondern auch für die Hilfe, die sie mir bei der Bearbeitung der ursprünglichen Vorlesungen war, eine Hilfe, ohne die ich sie nicht innerhalb eines Tages nach der Einladung hätte halten können.

Schließlich gilt mein Dank dem *National Institute of Mental Health* für den *Career Research Award*, der mich in die Lage versetzte, Forschungsaufgaben nachzugehen und meine Tätigkeit als Abteilungsdirektor aufzugeben, sowie auch für seine Unterstützung der Familienuntersuchungen.

Yale University   Theodore Lidz
New Haven, Connecticut
1973

1. Familiensetting und schizophrene Kinder

Einführung

Im vergangenen Sommer watete ich einen Fluß hinauf, auf der Suche nach den scheuen, schwer zu fangenden Forellen, und warf meinen Angelköder in einem Tümpel nahe eines Wasserfalls aus. Sofort verspürte ich einen Zug an der Angel, der sich von allen unterschied, die ich bis dahin erlebt hatte. Aufgrund meiner beruflichen Neigung nahm ich an, ich hätte eine psychotische Forelle am Haken, denn der Fisch begann, bis zu einem Meter und mehr aus dem Wasser zu springen, um sich vom Haken zu befreien, Sprünge, die einer Forelle so gar nicht ähnlich waren. Dem Fisch gelang es nicht, sich von meiner Angelschnur zu reißen, und so zog ich ein silberschuppiges Prachtexemplar an Land, einen Lachs – engl. *salmon* –, der offensichtlich im Süßwasser geblieben war. Meine Überraschung über dies neue, unerwartete Erlebnis war jedoch nichts im Vergleich zu der Verblüffung, die mir gestern widerfuhr, als Frank Braceland mich anrief und das Wort »Salmon« erwähnte, während er mich fragte, ob ich heute die Salmon-Vorlesungen halten wolle.[1] Frank läßt sich nur schwer abschütteln, und so war ich derjenige, der am Haken zappelte.

Es freut mich natürlich, daß ich aufgefordert wurde, die Salmon-Vorlesungen zu halten. Abgesehen von der besonderen Ehre, die mir zuteil wurde, habe ich zu dem Mann, dessen man gedachte, eine bedeutsame persönliche Beziehung gehabt. Nach knapp drei Jahren psychiatrischer Ausbildung hatte es mich auf eine einsame Insel im Südpazifik verschlagen, wo ich mich der ersten psychiatrischen Krankenfälle des Zweiten Weltkriegs annehmen sollte – unter den *Marines* auf Guadalcanal. Mir standen weder fachärztliche Beobachter noch Berater zur Seite, doch mit der Überheblichkeit eines jungen Mannes, der gerade seine Facharztausbildung abgeschlossen hat, kam mir nicht in den Sinn, über wie wenig Wissen ich eigentlich verfügte. Glücklicherweise hatte ich ein Buch dabei, das ich einst für 25 Cents in einer Ramschbuchhandlung erstanden hatte – Band 10 von *The Medical Department of the United States Army in the World War*, das Dr. Salmons Bericht über neuropsychiatrische Tätigkeiten im Amerikanischen Expeditionskorps enthält (U.S. Surgeon-General's Office, 1929). Obgleich ich es mit einer höchst unterschiedlichen Art der Kriegsführung zu tun hatte, konnte ich mich von Dr. Salmons Erfah-

[1] Zur Erklärung der ungewöhnlichen Umstände siehe das Vorwort.

rungsbericht und von seiner Klugheit leiten lassen; obwohl längst verstorben, war er auf jener einsamen Insel mein wichtigster Lehrer.

Überdies hielt Adolf Meyer, mein erster Professor in Psychiatrie, die erste Salmon-Vorlesung, in der er seine psychiatrischen und psychobiologischen Konzepte zu vermitteln suchte (Meyer, 1957). Ich bin stolz darauf, daß ich für wert erachtet wurde, sein Nachfolger zu sein, und in gewissem Sinne werde ich seine Konzepte schizophrener Störungen und gleichzeitig seine Theorie der Psychobiologie weiter ausbauen.

In den folgenden Kapiteln möchte ich eine Theorie über die Natur und den Ursprung schizophrener Störungen vorstellen, der Untersuchungen von Patienten zugrunde liegen, Untersuchungen vor dem Hintergrund der Familien, in denen sie aufgewachsen sind. Im ersten Kapitel werde ich mich vor allem mit der Art der Familiensettings beschäftigen, aus denen schizophrene Kinder hervorgehen; ich werde der Frage nachgehen, warum diese Familien nicht die erforderlichen Bedingungen zu schaffen vermögen, die Kinder in die Lage versetzen, die kritischen Aufgaben der Adoleszenz zu bewältigen, damit sie später einigermaßen autonome Erwachsene werden, und werde zu klären versuchen, wie diese Familien die psychische Entwicklung des Kindes in gefährlicher Weise beeinträchtigen. Aufgrund der Komplexität dieses Themenbereiches werde ich meine Überlegungen zu den Hemmungen und Entstellungen der kognitiven Entwicklung des Kindes bis zum zweiten Kapitel hintanstellen. Bei der Klärung der Frage, warum die Patienten sowohl einer kognitiven wie emotionalen Regression unterliegen, die beide zusammen charakteristisch sind für schizophrene Störungen, gedenke ich den Begriff der egozentrischen Überinklusivität *(egocentric overinclusiveness)* einzuführen und werde ihn in Beziehung setzen zu den egozentrischen Orientierungen und Bedürfnissen nach narzißtischer Zuwendung bei den Eltern des Patienten. Im dritten Kapitel schließlich werde ich untersuchen und zu veranschaulichen suchen, welche Richtlinien wir den Familienbeobachtungen und der von ihnen hergeleiteten Theorie für unsere therapeutischen Anstrengungen entnehmen können.

Vorgefaßte Meinungen zur Ätiologie

Das kritische Merkmal der als »Schizophrenie« bezeichneten Kategorie von Psychosen liegt im fehlgeleiteten, ohne Verminderung des intellektuellen Potentials auftretenden Symbolierungsprozeß, dessen Beeinträchtigung sich in Entstellungen der Wahrnehmung, der Sinngebung und der Logik äußert. Die Desorganisation des Denkens und die tiefreichende Regression einiger Patienten bis zu einem beinahe vegetativen Zustand der Existenz ließen die Überzeugung aufkommen, schizophrene Patienten müßten unter einer Störung der Gehirnfunktionen leiden. Die Suche nach der Ursache der vermuteten Gehirnstörung brachte eine Vielfalt anatomischer Schädigungen zutage sowie Vitaminmängel, toxische Abbauprodukte und endokrine Abnormitäten. Finanzielle Unterstützung seitens der Regierung, vermehrte biochemische und neurophysiologische Kenntnisse sowie aufwendigere Gerätschaften führten zur Entdeckung noch subtilerer Abnormitäten. Unglücklicherweise erwies sich mit unbarmherziger Regelmäßigkeit ein Befund nach dem anderen entweder aufgrund von Zufallsfaktoren wie Ernährungsweise oder medikamentöse Behandlung als nicht-spezifisch oder man konnte, was noch häufiger der Fall war, einen Befund ganz einfach nicht erneut bestätigen. Da wir keine Fachzeitschriften für Widerrufe und Fehlschläge bei erneuter Untersuchung besitzen, dienen solche Befunde noch Jahre nach ihrer Verwerfung als Grundlage für Theorien und Experimente (Kety, 1959a, 1959b; Wyatt, Termini und Davis, 1971). Die Forschungen haben indessen zu wichtigen Fortschritten in der Neurochemie und Neurophysiologie geführt.

Das familiale Auftreten (Inzidenz) schizophrener Störungen ließ die Überzeugung aufkommen, daß es sich dabei im Grunde um eine genetische Störung handele, eine Überzeugung, die sich verstärkte, als Kallmann (1946) bei eineiigen Zwillingen eine Konkordanzquote von 86 Prozent feststellte. Als jedoch verschiedene Wissenschaftler betonten, »familial« sei nicht das gleiche wie »genetisch«, und auf etliche verwirrende Unstimmigkeiten in Kallmanns Datenmaterial hinwiesen, wurden neue Familienuntersuchungen durchgeführt, um Fehler bei den Stichprobenverfahren früherer Untersuchungen zu beseitigen. Jüngste Untersuchungen ergaben Konkordanzquoten zwischen 15 und 38 Prozent bei eineiigen Zwillingen – die Diskrepanzen lassen sich zum Teil auf unterschiedliche diagnostische Kriterien zurückführen – im Vergleich zu Konkordanzquoten von fünf bis zehn bei zweieiigen Zwillingen[2]

[2] Even Heston (1970), der die genetische Hypothese für fest begründet hält, hat festgestellt, daß nur zehn Prozent der Kinder, die von schizophrenen, in Krankenanstalten untergebrachten Müttern zur Welt gebracht und bald nach der Geburt von ihnen getrennt werden, später schizophren werden, obwohl sie in öffentlichen Anstalten oder unter ungünstigen familiären Umständen aufwuchsen.

(Tienari, 1963; Kringlen, 1964; Pollin, Stabenau und Tupin, 1965). Die gegenwärtig unter der Schirmherrschaft des *National Institute of Mental Health* durchgeführten Untersuchungen, welche die Inzidenz psychiatrischer Störungen in biologischen Familien und in Adoptivfamilien schizophren erkrankter Adoptivkinder sowie die bei Adoptiveltern schizophrener Kinder und bei Kontrollgruppen miteinander vergleichen, ließen die Wissenschaftler übereinstimmend zu der Auffassung kommen, daß auch Umwelteinflüsse von großer Wichtigkeit sein müssen (Wender, Rosenthal, Zahn und Kety, 1971).

Die ständig negativen Laborbefunde, der Mangel an plausiblen Anhaltspunkten, der sich während einer Periode intensiven Forschens nach möglicherweise bedeutsamen biochemischen, neurophysiologischen, endokrinen und genetischen Faktoren herausstellte, können entmutigend erscheinen. In der Tat ist im Gefolge der traditionellen medizinischen Forderung, die Ursache einer Krankheit in pathologischen Strukturen oder in einer Störung des physiologischen Gleichgewichts zu suchen, die formelhafte Wendung »unbekannte Ätiologie« zu einem unverzichtbaren Bestandteil der Schizophrenie-Definition geworden.

Doch einige Wissenschaftler, deren Zahl ständig zunimmt, sind nicht der Meinung, alles liege in geheimnisvollem Dunkel; sie sind vielmehr überzeugt, die Ätiologie sei nunmehr fest begründet. Aufgrund von vorgefaßten Meinungen, die auf Fehleinschätzungen der Natur schizophrener Zustände basieren, ließen ihre Befunde sich jedoch nur unter Mühen im Theoriegebäude der Psychiatrie unterbringen. Es ist mühsam, Material zu verstehen, wenn einem dafür die notwendigen kognitiven Grundlagen fehlen. Aus diesem Grund möchte ich dem Leser eine andere Betrachtungsweise gegenüber dem Thema Mensch und Schizophrenie vorstellen und möchte zeigen, wie diese Betrachtungsweise zu einer kohärenten Theorie zu führen vermochte, zu einer Theorie, die bereits unsere Forschung und unsere therapeutischen Bemühungen zu lenken begonnen hat. Ich spreche ausdrücklich von »Mensch und Schizophrenie«, um damit anzudeuten, daß Schizophrenie nicht so sehr eine Krankheit ist, die einen Menschen befällt, von ihm Besitz ergreift und seine Verstandestätigkeit beeinträchtigt, als vielmehr ein mögliches Schicksal, dem der Mensch bei seinem mühseligen Versuch, einen Lebensweg zu finden, der es ihm gestattet, eine unabhängige Person zu sein, ausgeliefert ist, ein Verhängnis unter vielen, die ihm auf seinem Entwicklungsgang von der Kindheit bis zur Reife drohen.

Im Gegensatz zu den fortwährend negativen Resultaten, zu denen man gelangt, wenn man sich an die verschiedenen »organischen« Hypothesen hält, sind Wissenschaftler, die es sich angelegen sein ließen, den familiären Rahmen, in dem schizophrene Patienten aufwuchsen, gründlich zu erforschen, nicht in die Irre gegangen. Wenngleich das Gelände, das sie erkundeten, in der Tat einen desolaten Eindruck erweckt, wurden sie gleichsam mit signifikantem Material überschwemmt. Es ist uns gelungen, eine einheitliche, übergreifende Theorie zu entwickeln, die uns in die Lage versetzte, aus der Überfülle von Daten die wichtigen und zweckdienlichen auszusondern.

Die darzulegende Theorie, die den Befunden Kohärenz verleiht, basiert auf der kritischen Rolle der Sprache für die menschliche Anpassung sowie auf einer Untersuchung der den Familien zufallenden Funktionen, die für die Entwicklung des Kindes zu einer integrierten Persönlichkeit entscheidend sind, entscheidend auch für seine sprachliche und kognitive Entwicklung und besonders für den Übergang von der Adoleszenz zum Erwachsenenalter.

Meine Ausführungen sind randvoll von Verweisen auf Untersuchungen, die ich allein oder zusammen mit Kollegen in Angriff genommen habe, und von Verweisen auf meine eigenen Vorstellungen, denn ich habe nicht nur zusammen mit Ruth Lidz zum erstenmal auf die Bedeutung des Familienmilieus für das Verständnis schizophrener Störungen aufmerksam gemacht (Lidz und Lidz, 1949) und mich in den vergangenen dreißig Jahren mit der Erkundung und Klärung dieses Gebiets beschäftigt, sondern habe auch eine als eigene Synthese zu bezeichnende Theorie entwickelt –, als eigene Synthese, auch wenn ein großer Teil der dafür notwendigen wichtigen Arbeit von anderen geleistet worden ist.

Frühere Beobachtungen

Als ich vor annähernd fünfunddreißig Jahren mit meiner neurologischen und psychiatrischen Ausbildung begann, verlegte ich mich auf Untersuchungen von Denk- und Persönlichkeitsstörungen, die sich auf eine Vielfalt von Hirnschädigungen, Stoffwechselstörungen und toxischen Zuständen zurückführen lassen. Diese Untersuchungen brachten mich trotz gegenteiliger Auffassungen von Autoritäten bald zu der Überzeugung, daß die schizophrenen Denkstörungen sich grundlegend von allen anderen Störungen unterscheiden, für die nach damaliger Ansicht strukturelle oder metabolische, im Stoffwechselprozeß entstandene Hirnschädigungen verantwortlich sind. Selbst wenn sich das Denken des Patienten als wahnhaft, verzerrt und desorganisiert erwies, so war doch keine Beeinträchtigung seines intellektuellen Potentials festzustellen, sofern er den richtigen Tests unterzogen werden konnte; und in ausgeglichener emotionaler Verfassung war der Patient häufig in der Lage, hochkomplizierte intellektuelle Funktionen zu erfüllen – ganz anders als im Falle von Patienten mit Gehirnstörungen, die so schwerwiegend waren, daß die Verstandestätigkeit völlig ausfiel (Lidz, 1939, 1942, 1949; Lidz, Gay und Tietze, 1942; Lidz und Kahn, 1946).

Während meiner Facharztausbildung bemerkte ich dann, daß alle meiner Fürsorge überantworteten schizophrenen Patienten aus gestörten oder jedenfalls sehr merkwürdigen Familien stammten. Nach ein- oder zweistündigem Zusammensein mit einem oder beiden Elternteilen des Patienten fragte ich mich bisweilen allen Ernstes, wie lange meine geistige Gesundheit oder die irgendeines anderen Menschen es ertragen könnte, mit solchen Leuten zusammenzuleben, geschweige denn von ihnen aufgezogen zu werden. Aus der Fülle von Fallgeschichten, die in meiner Erinnerung haften geblieben sind, möchte ich zwei herausgreifen, die mich weiterhin verfolgen.

Will J., ein Jugendlicher im Alter von neunzehn Jahren, geriet abwechselnd in Zustände katatonen Stupors und wilder Erregung, die zur damaligen Zeit, als Schockbehandlungen und Tranquilizer noch unbekannt waren, große Schwierigkeiten bereiteten. Mit Unterstützung einer speziell ausgebildeten Krankenschwester begann sich Wills Verfassung zu bessern, doch sie verschlimmerte sich deutlich nach jedem Besuch seiner Mutter, die in Abständen von einer halben Woche in der Klinik erschien. Obwohl Will sich in einem verzweifelten Zustand befand, brachte seine Mutter ihre Besuchszeit damit zu, ihn zu gemeinsamen Gebeten anzuhalten und ihn zu ermahnen, er solle daran denken, für regelmäßigen Stuhlgang zu sorgen, seine Vitamintabletten einzunehmen, Atemübungen zu veranstalten und so weiter. Als wir Herrn J., einen auf Würde bedachten Industriellen, auffordern, seiner Frau nahezulegen, nach Hause zurückzukehren und dem Krankenhauspersonal die Sorge für ihren Sohn zu überlassen, erklärte er, das sei nicht möglich: Er habe längst den Versuch aufgegeben, seine Frau zu veranlassen, sie möge Will gestatten, ein wenig Unabhängigkeit zu erlangen und erwachsen zu werden, und nun, da Will so schwer erkrankt sei, werde sie niemals einwilligen, ihn zu verlassen. Nachdem die Klinik beschlossen hatte, ihr die Besuche vorübergehend zu untersagen, schickte sie ihrem Sohn täglich flehentliche Briefe, und als ihr die Briefe zurückgesandt wurden, versuchte sie ihrem Sohn eine Schachtel mit Schokolade zukommen zu lassen. Die Marke hatte sie sorgfältig ausgesucht, denn statt des üblichen braunen »Verpackungspapiere« enthielt diese Schachtel weißes Papier, auf das sie deutlich lesbar eine Botschaft geschrieben hatte, mit Ermahnungen wie »Iß morgens deine Backpflaumen!«, »Atme jede Stunde fünfmal tief durch!«, »Sprich morgens und abends dein Gebet!«

Jeff B., sechzehn Jahre alt, war »die Hoffnung und die Leuchte« einer der wohlhabendsten und politisch einflußreichsten Familien im Süden, bis er anfing, Stimmen zu hören, das Gefühl zu haben, sein Schädel sei mit Wolle ausgestopft, und sich in vagen, unzusammenhängenden Reden zu ergehen. Eine der frühesten Erinnerungen Jeffs hatte zum Inhalt, daß er sich unter dem Tisch im Eßzimmer versteckte, während seine Eltern sich gegenseitig mit Geschirr bewarfen. Als Jeff älter wurde, flüchtete er vor den grimmigen Auseinandersetzungen seiner Eltern in das Haus seiner Großeltern mütterlicherseits, nur um dort mitzuerleben, wie seine unter paranoiden Vorstellungen leidende Großmutter seinen Großvater, einen betagten Politiker, der Untreue bezichtigte. Als seine Eltern sich trennten, verbrachte er die Schulzeit bei seinen Großeltern und bemühte sich, die Tiraden und Vorwürfe seiner Großmutter gegen den geliebten Großvater zu ignorieren, der im Parlament den Eindruck eines unerschütterlichen Turms erweckte, daheim aber eher den Eindruck von Schwächlichkeit vermittelte. Jeff war der Trost seines Großvaters, der ihn auf das Ziel hin erzog, eines zukünftigen Tages die politische Führung im Bundesstaat zu übernehmen und zu guter Letzt Gouverneur zu werden. Jeff verbrachte den Sommer und seine Ferienzeit bei seiner Mutter, die von einem Erholungsort zum anderen reiste und sich einen Bettgenossen nach dem anderen nahm, während Jeff sich ihrer immer mehr schämte und immer stärkere Wut auf sie empfand. Der Vater, obwohl Multimillionär, lebte, als Jeff ihn besuchte, zusammen mit einer Geliebten in einer Hütte in den Everglades, einer Sumpflandschaft im Süden Floridas, und trank bis zur Besinnungslosigkeit.

Mein Interesse an dem Familienmilieu, in dem schizophrene Patienten aufgewachsen waren, verstärkte sich, als nahe Verwandte mehrerer Patienten, die nicht darüber aufgeklärt worden waren, daß wir uns mit einer Krankheit beschäftigten, deren Ätiologie unbekannt war, mir in aller Unwissenheit erklärten, auf welche Weise die Situation in der Familie des Patienten diesen verrückt gemacht hatte.

Zögernd, weil ich bei meinen Lehrern wenig oder gar kein Interesse an diesem Thema entdeckte, ließ ich mich auf die Hypothese ein, daß das Unvermögen des schizophrenen Patienten, eine funktionstüchtige Integration seiner Persönlichkeit zu erwerben oder aufrechtzuerhalten, unter Umständen mit der gestörten Familie zu tun hat, in der er aufgewachsen ist, da ja die Persönlichkeitsentwicklung des Kindes im Rahmen der Familie vonstatten geht. Da des weiteren die Integration menschlicher Funktionen von einem kohärenten System an Bedeutungen und logischen Verknüpfungen abhängt, kann die Ausschaltung der linguistischen Fähigkeiten eines Menschen von zentraler Bedeutung für das gesamte schizophrene Syndrom sein; und wenn die Grundlagen der linguistischen und kognitiven Fähigkeiten in der Familie gelegt werden, dann können schizophrene Denkstörungen ihren Grund in Störungen des familiären Rahmens haben.

Die menschliche Anpassungsfähigkeit hängt im Gegensatz zu der aller anderen Organismen von der Fähigkeit zum Gebrauch der Sprache und des Denkens ab; allerdings ist in ihr auch die Möglichkeit des Scheiterns angelegt. Das Gehirn läßt zwar das Denken zu, gewährleistet aber nicht seine Rationalität. Die Bedeutungen wandeln sich im Dienst emotionaler Bedürfnisse; und wenn die Annehmbarkeit eines Menschen für sich selbst und andere bedroht ist, wenn aus einem unversöhnlichen Dilemma kein Ausweg bleibt und alle Wege in die Zukunft versperrt zu sein scheinen, dann steht immer noch eine Möglichkeit offen. Man kann einfach die Wahrnehmungen seiner eigenen Bedürfnisse und Motive sowie die anderer verändern; man kann die kausale Logik aufgeben und den Ereignissen andere Bedeutungen unterlegen; man kann regredieren, seine Zuflucht bei einer Kindheitsperiode suchen, da die Realität sich noch den Wünschen fügte, da man sich im Mittelpunkt der elterlichen Fürsorge fühlte, oder sogar eine Zeit wiederaufsuchen, da man von der Mutter noch nicht völlig getrennt war – und auf diese Weise ein Urbild von Omnipotenz und Selbstgenügsamkeit zurückgewinnen. Kurz, man kann schizophren werden. Tatsächlich besitzt der Mensch so offensichtlich eine Möglichkeit, den eben skizzierten Weg einzuschlagen, daß wir nach ihm als einer zu erwartenden Anomalie des Entwicklungsprozesses suchen müßten, wenn uns ein Syndrom wie die Schizophrenie nicht bekannt wäre.

Denkstörungen, das entscheidende Merkmal schizophrener Zustände, bestehen im Grunde aus dem, was Eugen Bleuler (1911) als »Entgleisung der Assoziationen« bezeichnete, liegen in einer Unfähigkeit begründet, das Unvereinbare auszusondern, einer Unfähigkeit, die letztlich bedeutet, daß es dem betreffenden Individuum nicht gelungen ist, richtig zu kategorisieren. Eine wesentliche Funktion der Kategorienbildung besteht darin, das auszufiltern, was nicht zur jeweils in Frage stehenden Kategorie gehört (Lidz, 1968b). Die Kennzeichnung des schizophrenen Denkens als »überinklusiv« hat sich als höchst nützlich erwiesen (Cameron, 1938), doch bis in allerjüngster Zeit – und nun komme ich zur Gegenwart – haben wir nicht erkannt, daß dieses Denken *egozentrisch* überinklusiv ist (Lidz, 1972a); das heißt, der Patient ist typischerweise davon überzeugt, daß alles, was andere tun oder sagen, sich auf ihn konzentriert, selbst wenn diese anderen ihm völlig fremd sind, wie etwa bei Beziehungs- und wahnhaften Verfolgungsideen; oder er glaubt, seine Gedanken hätten Einfluß auf andere und griffen auf magische Weise sogar in die unbelebte Natur ein. Kurz, der schizophrene Patient glaubt, er stehe im Brennpunkt von Ereignissen, die in keinerlei Zusammenhang mit seinem Leben stehen oder lediglich örtlich oder zeitlich mit seinem Leben koinzidieren. Die Kategorienbildung bleibt notwendigerweise eingeschränkt und mangelhaft, wenn das Selbst in alle Kategorisierungen einzudringen versucht.

Wie wir wissen, ist das Erlernen einer Sprache ein langwieriger Prozeß. Das Kind durchläuft viele Phasen der kognitiven Entwicklung, ehe es, in der Zeit der Pubertät, begrifflich zu denken beginnt. Die Entwicklung der Fähigkeit zum reifen Denken setzt unter anderem die allmähliche Überwindung verschiedener Formen der Egozentrizität voraus, wie der Unfähigkeit, die Mutter und ihre Gefühle vom eigenen Selbst zu differenzieren, des Glaubens, das eigene Selbst sei für das Leben anderer von zentraler Bedeutung, der Überzeugung, daß die eigenen Gedanken die Natur beeinflussen können, daß die Eltern die Naturereignisse kontrollieren, daß andere Menschen die gleiche Erfahrungsperspektive besitzen wie das eigene Selbst, und schließlich in der Adoleszenz die Überwindung des Unvermögens, sich zu vergegenwärtigen, daß Phantasieleistungen etwas gänzlich anderes sind als Einflußnahme auf den realen Ablauf von Ereignissen – ein Fragenkomplex, den wir im zweiten Kapitel ausführlicher behandeln werden.

In diesem ersten Kapitel werde ich im wesentlichen das Entstehen der These skizzieren, daß verzerrte, unangebrachte Familiensettings – und, genauer, die Egozentrizität der Eltern, die eine Ehe eingehen und damit das Familiensetting begründen – den Patienten zu der von uns Schizophrenie genannten emotionalen und egozentrischen kognitiven Regression veranlassen, indem sie ihn daran hindern, die Entwicklungsaufgaben der Adoleszenz zu bewältigen, und indem sie ein fehlerhaftes Fundament für das kulturell geprägte System von Bedeutungs- und Denkinhalten bereitstellen.

Genetische Einflüsse

Natürlich können bei Eltern festgestellte Störungen auf die genetische Weitergabe einer Krankheit hindeuten. Wahrscheinlich kommt bei jeder Störung oder menschlichen Eigentümlichkeit eine genetische Komponente mit ins Spiel, wie auch bei Auftreten von Tuberkulose oder Poliomyelitis eine Disposition hinzutritt (MacMahon, 1968), doch die Vermengung der Begriffe »familial« und »genetisch« hemmt vermutlich die Erforschung dieser und anderer Krankheiten. Genetische Ätiologie hat so lange wenig Aussagekraft, als nicht gleichzeitig der jeweilige Übertragungsweg angegeben werden kann. Aus Gründen, die noch zu erörtern sind, erscheint es unwahrscheinlich, daß kognitive Störungen genetisch weitergegeben werden können, wie McConaghy (1959), Meehl (1962) und andere meinten, und nicht vielmehr auf dem Wege der Erfahrung. Ich weigere mich, die Auffassung zu akzeptieren, ein spezifischer genetischer Faktor sei die vorrangige Determinante schizophrener Störungen, solange dafür nicht überzeugenderes Beweismaterial erbracht wird, vor allem weil solche genetischen Hypothesen im Widerspruch stehen zur Erkenntnis, in welch starkem Maße das Verhalten einer Generation die folgende prägt, zur Erkenntnis der zentralen Bedeutung der Familien für die integrierte Entwicklung ihres Nachwuchses sowie der zentralen Rolle von Sprache und Denken für die menschliche Integration und Anpassung. Die einander ausschließenden Begründungen für die familiale Inzidenz schizophrener Zustände riefen die jüngsten Zwillingsuntersuchungen auf den Plan, Untersuchungen, die aufgezeigt haben, daß genetische Faktoren nicht so entscheidend sein können, wie frühere Untersuchungen anzudeuten scheinen. Entgegen den genetischen Hypothesen versuche ich insbesondere darzulegen, daß Natur und Ursprung schizophrener Störungen durchaus ohne irgendeinen unbekannten X-Faktor begreiflich sind, sofern wir nur das Wesen der Persönlichkeitsentwicklung und -fehlentwicklung richtig zu verstehen suchen und die Eigenart des abwegigen Settings untersuchen, in dem die Patienten aufgewachsen sind.

Grundlegende Untersuchungen von Familien mit schizophrenen Kindern

Im Anschluß an das allgemein formulierte Konzept zur Frage des möglichen Zusammenhangs zwischen schizophrenen Störungen und gestörten Familienmilieus führten wir eine Voruntersuchung durch, die klären sollte, ob der Eindruck richtig ist, daß praktisch alle Familien schizophrener Patienten schwerwiegend gestört sind. Zu diesem Zweck wurden die Familiengeschichten in den Krankenberichten von fünfzig in der *Henry Phipps Psychiatric Clinic* behandelten schizophrenen Patienten mit denen von fünfzig psychotisch depressiven Patienten verglichen (Lidz und Lidz, 1949). Infolge des Zweiten Weltkrieges verzögerte sich die Beendigung dieser Erhebung um viele Jahre, doch sie ließ deutlich erkennen, daß die beiden miteinander verglichenen Gruppen einen höchst unterschiedlichen familiären Hintergrund hatten, und obgleich mit Hilfe dieser Methode nur ganz allgemeine Aspekte des Familiensettings erfaßt werden konnten, so ließ sich doch sehr nachdrücklich zeigen, ›daß ein (schizophrener) Patient nach dem anderen einer Anhäufung von widrigen innerfamiliären Einflüssen ausgesetzt war, von Einflüssen, die als Hauptfaktoren im Prozeß seiner mißlungenen Persönlichkeitsbildung anzusehen sind und die wiederholt in höchst entmutigender Weise das Reifungsbestreben des Patienten durchkreuzten‹ (Lidz und Lidz, 1949). Diese Erhebung führte schließlich zu einer intensiven, zeitlich ausgedehnten Untersuchung von siebzehn Familien schizophrener Patienten – die wahrscheinlich gründlichste Reihenuntersuchung von Familien, die jemals zu irgendeinem Zweck durchgeführt worden ist (Lidz, Fleck und Cornelison, 1965). Die Untersuchung erfaßte zwar nur eine zahlenmäßig relativ kleine Gruppe von Familien, doch wir berücksichtigten dabei mehrere hundert weitere Familien von weniger gründlich untersuchten, im *Yale Psychiatric Institute* behandelten Patienten. In die eigentliche Untersuchungsreihe hatten wir drei oder vier speziell ausgewählte Familien aufgenommen, weil der überweisende Psychiater zu erwägen gab, daß in den betreffenden Fällen die Familie ein günstiges Setting bereitgestellt hatte und daß die Eltern emotional ausgeglichen waren. Es erwies sich allerdings, daß diese Familien genauso gestört waren wie die anderen, ja womöglich aufgrund des Bedürfnisses nach Kaschierung der Unverträglichkeit und Unzufriedenheit ihrer Mitglieder sich noch beeinträchtigender und entstellender auf die kindliche Entwicklung der späteren Patienten auswirkten. Zu unserem Forschungsvorhaben gesellten sich bald sehr ähnlich gelagerte Projekte verschiedener Forschungszentren anderer Länder, die sämtlich zu gleichen Ergebnissen kamen.

Natürlich lag auf der Hand, daß gestörte Familien nicht aus sich heraus schizophrene Zustände verursachen, doch durch hartnäckiges Verfolgen des greifbaren Anhaltspunktes, daß schizophrene Patienten aus schwergestörten Familien stammen, hofften wir etwas ätiologisch Spezifisches herauszufinden. Doch bald tauchte eine große Schwierigkeit auf. Unter welchem Aspekt wir die Familien auch untersuchten, stets entdeckten wir etwas gravierend Unzulängliches.

Allgemeine Befunde

Wie aufgrund früherer Untersuchungen zu erwarten, waren die Mütter in ihrem Wesen fast immer höchst unstet und sprunghaft; oft fremdartig anmutende Personen, hatten sie Schwierigkeiten, zwischen sich und dem Kind, das schizophren wurde, Grenzen aufzurichten; doch einige waren aufdringlich überbesorgt, während andere trotz ihrer einschränkenden Fürsorge zurückhaltend und sogar feindselig wirkten (Lidz, Cornelison, Singer, Schafer und Fleck, 1965). Auch die in früheren Untersuchungen nur selten berücksichtigten Väter (Reichard und Tillman, 1950) waren gestört und übten genauso wie die Mütter einen störenden Einfluß aus. Einige waren aggressiv, wenn nicht paranoid, andere hingegen passiv und unfähig, sich durchzusetzen; und während einige mit dem Kind rivalisierten und sich ihm gegenüber feindselig verhielten, legten andere eine beschützende und sogar verführende Haltung an den Tag (Lidz, Cornelison, Fleck und Terry, 1957a).

In Übereinstimmung mit der Annahme der psychoanalytischen Theorie hatte der Patient während des ersten Lebensjahres für gewöhnlich nur unzureichende Pflege und Fürsorge genossen, wenn es auch bisweilen schwierig war, diesen Umstand in der Rückschau bestätigt zu finden. Noch auffälliger war indes, daß die erzieherische Zuwendung durch alle Entwicklungsphasen von der Geburt bis zur Adoleszenz hindurch zu wünschen ließ (Lidz, Cornelison et al., 1965).

Die Ehe der Eltern und das Familienleben waren entweder aufgrund ständig auftretender Konflikte gespalten oder gestört, weil die besonderen Vorstellungen des einen Ehepartners über Kindererziehung und die Art des familiären Zusammenlebens durch den im häuslichen Rahmen passiv und schwach wirkenden anderen Ehepartner nicht aufgefangen wurden (Lidz, Cornelison, Fleck und Terry, 1957b).

Stets waren die Schranken zwischen den Generationen niedergerissen, weil entweder ein Ehepartner sich wie ein rivalisierendes Kind verhielt oder weil ein Elternteil das Kind als emotionalen Ersatz für einen Ehepartner benutzte, in manchen Fällen bis an die Grenze zum körperlichen Inzest. In allen Familien gelang es den Eltern nicht, ihre jeweilige geschlechtsgebundene Rolle aufrechtzuerhalten, bisweilen aufgrund der Unfähigkeit des Vaters, sich väterlich und instrumental zu verhalten, und der Unfähigkeit der Mutter zu expressiv-gefühlsbetontem Verhalten, bisweilen jedoch aufgrund eindeutiger Umkehrung der männlichen und weiblichen Rollen oder aufgrund von Homosexualität.

Die Sozialisation des Kindes war beeinträchtigt, weil die Eltern ihm falsche Identifizierungsmodelle anboten, weil sie nicht wahrhaben wollten, daß das Kind für sich selbst sorgen kann, weil ihr Beispiel das Kind veranlaßte zu glauben, wechselseitiges Angewiesensein auf eine andere Person, Ehe und Elternschaft seien nicht wünschenswert und sogar gefährlich, weil das Kind es aufgrund des exzentrischen Verhaltens nach gewisser Zeit vermied, Bekannte mit nach Hause zu bringen, und zuweilen, weil ein Elternteil ihm Mißtrauen gegenüber Außenstehenden beibrachte (Lidz, Cornelison und Fleck, 1965). Des weiteren verbreitete ein Elternteil oder beide, wie Wynne und Singer hervorhoben (1963a, 1963b; Singer und Wynne, 1965a, 1965b), eine Atmosphäre von Sinnleere um sich und von Hoffnungslosigkeit, das Leben jemals sinnvoll gestalten zu können.

In allen Fällen war die innerfamiliäre Kommunikation erheblich gestört. In 60 Prozent der Familien unserer Untersuchungsreihe war zumindest ein Elternteil praktisch psychotisch oder paranoid, wenngleich keiner dieser Elternteile jemals in eine psychiatrische Klinik eingewiesen worden war; und in den übrigen Familien nahmen ein oder beide Elternteile die Ereignisse verzerrt wahr, um auf diese Weise die eine beschränkte Rolle, die sie ausfüllen konnten, weiterhin spielen zu können – und sie bestanden darauf, daß alle anderen

Familienmitglieder ihre Wahrnehmungsweise übernahmen, um so ihr heikles emotionales Gleichgewicht bewahren zu können. Die Welt, wie sie das Kind hätte wahrnehmen sollen, wurde geleugnet und für ungültig erklärt, da die Ereignisse verzerrt wurden, damit sie dem vom jeweiligen Elternteil geforderten Wahrnehmungsmuster entsprachen. Die untersuchten Familien veranstalteten praktisch eine Einübung in Irrationalität (Lidz, Cornelison, Terry und Fleck, 1958). Bateson et al. (1956) haben aufgezeigt, wie die Eltern den Patienten gewohnheitsmäßig in Double-bind-Situationen stellen, und Wynne und Singer (1963a, 1963b; Singer und Wynne, 1965a, 1965b) haben die amorphen und fragmentarischen Kommunikationsstile der Eltern, die das Kind daran hindern, die zur Begriffsbildung notwendige Fähigkeit zur gerichteten Aufmerksamkeit zu erlangen oder aufrechtzuerhalten, dokumentarisch belegt. Diese und andere damit zusammenhängende Probleme der innerfamiliären Kommunikation, Probleme, die vermutlich für die Ätiologie der schizophrenen Störungen von entscheidender Bedeutung sind, wollen wir im zweiten Kapitel behandeln.

Ausmaß und Schwere der Störungen in all den untersuchten Familien können hier nicht dokumentiert oder auch nur annähernd veranschaulicht werden. Ich kann den Leser nur auf eine Reihe von Beiträgen über die Kernfamilie in der Yale-Untersuchung (Lidz, Fleck und Cornelison, 1965) und auf die Beiträge von Delay et al. (1957), 1960, 1962) über die von ihnen untersuchten französischen Unterschichtfamilien sowie auf Alanens vergleichende Monographie über Familien neurotischer und schizophrener Patienten (Alanen, 1966) verweisen. Die Störungen ließen sich in jedem Aspekt des Familienlebens in der Zeit vor der Geburt des Patienten bis hin zur Zeit seiner Hospitalisierung nachweisen. Obwohl wir gehofft hatten, einen spezifischen ätiologischen Faktor ausfindig zu machen, konnten wir das abträgliche Familiensetting in seiner Totalität nicht ignorieren. Falls ein spezifischer schizophrenogener Faktor vorhanden war, dann wurde er entweder aufgrund des schädlichen Settings wirksam, in dem er auftrat, oder er beeinflußte alles, was mit dem Familienleben zusammenhing, genauso wie die Kinder, die schließlich psychotisch wurden.

Mängel der Theorien über die Persönlichkeitsentwicklung

Die auf der psychoanalytischen Psychologie beruhenden Theorien über die Persönlichkeitsentwicklung, an die wir uns zu

Beginn unserer Untersuchungen noch hielten, erwiesen sich nach und nach als immer unzureichender. Zur Sichtung und Erklärung der Befunde waren diese Theorien ungeeignet, weil die Psychoanalyse seit Flügels ausgezeichneter Monographie (1921) das Familiensetting, in dem das Kind sich entwickelt, praktisch vernachlässigt hatte; weil die Theorien ferner die Rolle der Sprache für die menschliche Funktionstüchtigkeit nicht berücksichtigten, und dies trotz Freuds frühem Interesse an der Aphasie (Freud, 1891) und trotz seiner Untersuchungen über die Symbolik des »Primärprozesses«; darüber hinaus weil ihre Konzepte zur Psychopathologie sich auf Fixierungen an spezifische Phasen der libidinösen Entwicklung beschränkten und den Einfluß phasenübergreifender, ihrem Wesen nach transaktionaler Störungen weitgehend außer acht ließen.

Wir erreichten bei unseren Untersuchungen schließlich ein Stadium, in dem die Suche nach bedeutsamen Daten weniger wichtig war als das Auffinden begrifflicher Instrumente zur Sichtung der vorliegenden Befunde. Es erschien uns wesentlich, die Funktionen der Familie bei der Persönlichkeitsentwicklung ihrer Kinder gründlich zu überdenken und unser Verständnis für den Stellenwert der Sprache innerhalb des menschlichen Funktionszusammenhangs[3] zu vertiefen. Schließlich wurde offensichtlich, daß wir es beim Abwägen der Bedeutung der Familie und der Sprache für die menschliche Entwicklung nicht mit zwei voneinander unabhängigen Faktoren zu tun haben, sondern daß infolge des Angewiesenseins der Menschen auf Sprache zur Entfaltung ihrer adaptiven Fähigkeiten die Familie vielmehr von kardinaler Bedeutung ist.

Die Bedeutung der Familie für die menschliche Anpassung und Integration

Die Evolution der menschlichen Spezies beruhte im wesentlichen auf der durch Paarung vollzogenen Auslese jener Mutationen, die nach und nach die in Beziehung stehenden Fähigkeiten zum Werkzeuggebrauch und zur Symbolbildung vervollkommneten. Der daraus hervorgegangene Mensch verfügt

[3] Zu den Beiträgen, die mittels einer überarbeiteten psychoanalytischen oder psychodynamischen Entwicklungstheorie integriert wurden, wie sie in *Familie und psychosoziale Entwicklung* (Lidz, 1971) und ausführlicher in *The Person* (Lidz, 1968a) formuliert worden ist, gehören soziologische und psychologische Familienuntersuchungen, vor allem die Arbeiten von Talcott Parsons (Parsons und Bales, 1955), und die Untersuchungen zur linguistischen und kognitiven Entwicklung des Kindes von Piaget (1926), Wygotsky (1962), M. M. Lewis (1964), Roger Brown (1958) und andere sowie die ethnolinguistischen Konzepte von Whorf (1956) und Sapir (1949).

über ganz andere Anpassungsmittel als jede andere Spezies. Wie alle anderen Organismen ist auch der Mensch mit einem physiologischen Rüstzeug ausgestattet, das ihm Anpassung nur innerhalb einer begrenzten Auswahl von physikalischen Umwelten gestattet, doch weil er verbal kommunizieren, reflektierend denken und Werkzeuge benutzen kann, hat er Umwelten verändert, um sie seinen physiologischen Grenzen anzupassen. Weil er das von ihm Erlernte über Generationen weiterreichen kann, hat sich das Lernen zu einem kumulativen Prozeß entwickelt, so daß jedes Kind in ein Filtrat aus Erfahrungen seiner Vorfahren hineingeboren wird, in ein Filtrat, das seine Kultur begründet. *Solange wir nicht begreifen, daß jedes Kind mit einer doppelten Ausstattung geboren wird, mit einer genetischen Erbschaft und einem kulturellen Erbe, können wir seine Entwicklung und die Gründe möglicher Störungen niemals richtig verstehen.* Seine Gene übermitteln ihm die körperliche Struktur, welche auch die angeborene Fähigkeit zur Symbolbildung und symbolischer Funktionstüchtigkeit mit umfaßt, doch seine anderen ausschließlich menschlichen Adaptionstechniken sind ihm bei der Geburt nicht mitgegeben, sondern sie erwirbt er von denen, die ihn aufziehen. Jedes Kind muß die von seinen Vorfahren zur Umweltmeisterung und zum Zusammenleben entwickelten Techniken den Erfordernissen seines Lebens angleichen, und es muß durch Interaktion mit anderen eine Persönlichkeit ausbilden, die auf die Gesellschaft zugeschnitten ist, in der es heranwächst.

Die biologische Ausstattung des Menschen erfordert ferner, daß er in einem Sozialsystem aufwächst und sich Kultur aneignet; und die Familie ist ein notwendiger Abkömmling seiner biologischen Ausrüstung, weil sie das grundlegende Sozialsystem darstellt, das zwischen der genetischen und der kulturellen Ausstattung vermittelt, während der Aneignung von Sozialtechniken für seine biologischen Bedürfnisse sorgt, zwischen Individuum und Gesellschaft steht und einen Schutzraum innerhalb der Gesellschaft und gegen die übrige Gesellschaft gewährt.

Die Funktionen der Familie

Die Funktionen der Familie sind komplex, denn sie dient sowohl den entscheidenden Bedürfnissen der Ehepartner und der Gesellschaft, deren basale Sozialeinheit sie abgibt, wie auch den Bedürfnissen ihrer Kinder. Es dürfte in der Tat unwahrscheinlich sein, daß irgendeine andere Institution diese drei

Bündel von Funktionen gleichzeitig erfüllen könnte, von Funktionen, die überdies so untrennbar miteinander verknüpft sind, daß sie nicht unabhängig voneinander gemeistert werden können, ausgenommen unter ganz besonderen Umständen. Wenn wir uns hier auch nur mit den Funktionen der Familie beschäftigen, die als Voraussetzung für eine richtige Entwicklung ihres Nachwuchses anzusehen sind, so liegt doch auf der Hand, daß die Kinder tiefgreifend davon berührt sind, inwieweit es der Familie gelingt, für die emotionalen Bedürfnisse und für die Sicherheit der Ehepartner zu sorgen. Die Persönlichkeit der Eltern und die Art und Weise ihres Umgangs miteinander haben einen weitreichenden Einfluß auf ihre Kinder. Da die Familie eine echte Kleingruppe ist, in der die Handlungen eines Mitglieds sich auf alle anderen auswirken, müssen ihre Mitglieder wechselseitig aufeinander abgestimmte Rollen finden, wenn die Persönlichkeit des einen oder anderen Familienmitglieds nicht beeinträchtigt werden soll. Des weiteren stellen die unterschiedlichen Bedürfnisse von Eltern und Kindern, die Unterschiede zwischen den beiden Geschlechtern, die Verteilung von Führungsrollen unter den Eltern sowie die Umstände, die im Gefolge der Kernfamilie mit ihren charakteristischen Merkmalen auftreten, Anforderungen und Aufgaben, denen die Eltern und ihre Ehe gewachsen sein müssen, wenn die Familie einen angemessenen Rahmen für die harmonische Entwicklung bereitstellen soll, für die Entwicklung ihrer Kinder zu einigermaßen integrierten Erwachsenen, die fähig sind, in der menschlichen Gesellschaft zu leben (Lidz, 1963).

Das Überdenken der Theorien über die kindliche Entwicklung mündete in die Erkenntnis, daß die bestehenden theoretischen Erklärungsversuche aufgrund ihrer mehr oder minder weitgehenden Vernachlässigung des Familiensettings unzureichend sind. *Jeder Versuch, die kindliche Persönlichkeitsentwicklung als einen autonomen, von der Familienmatrix unabhängigen Prozeß erklären zu wollen, führt zu Verfälschungen, insofern er Simplifizierungen nicht vermeiden kann; er ist Irrtümern unterworfen, denn derartige Abstraktionen sind nur nach Ausschaltung der wesentlichen Faktoren des Prozesses möglich.* Das heranwachsende Kind erreicht schlechterdings nicht durch das simple Verstärken eingeborener Lenkungsmechanismen und Möglichkeiten eine reife funktionstüchtige Persönlichkeit, sondern dazu bedarf es vielmehr positiver Belehrung und Anleitung im Rahmen einer geeigneten interpersonalen Umwelt und eines entsprechenden Sozialsystems. Es entwickelt sich keineswegs nur deshalb zu einem wohlintegrierten, anpassungsfähigen Erwachsenen, weil Fixierungen als Folge einer angeborenen Tendenz, eines emotionalen Traumas oder eines Mangels an mütterlicher Zuwendung während seiner prädipalen Entwicklungsphase ausgeblieben sind. Die positiven bildenden Kräfte sind weitgehend übersehen worden, weil sie Bestandteil der Institutionen und Sitten aller Gesellschaften sind, Bestandteil auch der ubiquitären, überall anzutreffenden Familie, die allerorten wissend oder unwissend die Aufgabe übernimmt, das Potential des Kindes in eine integrierte Struktur zu lenken. Die Familie muß die kindliche Entwicklung fördern und lenken, indem sie eine Anzahl miteinander verknüpfter Funktionen erfüllt, Funktionen, die wir unter vier Kategorien zusammenfassen können: die elterlichen Fürsorgefunktionen, der Einfluß der dynamischen Familienorganisation, die Familie als Sozialsystem und die Weitergabe der instrumentalen Kulturtechniken, vor allem der Sprache mit ihrem System von Bedeutungen und logischen Zusammenhängen.

Die elterlichen Fürsorgefunktionen. Sie reichen von der erforderlichen totalen Versorgung des Neugeborenen bis zur Bestärkung des Kindes, wenn es gegen Ende der Adoleszenz die Trennung von seiner Geburtsfamilie vollzieht. Dazu gehört mehr als nur die Befriedigung der körperlichen Bedürfnisse des Kindes; sie erstrecken sich vielmehr auch auf seine emotionalen Bedürfnisse nach Liebe, nach Zuwendung und nach einem Gefühl von Sicherheit; hierher gehört auch die Aufgabe, dem Kind die Gelegenheit zu verschaffen, während es heranwächst, neue Fähigkeiten zu erproben. Richtige Fürsorge verlangt von den Eltern Fähigkeiten, Kenntnisse und Empathie, um in Übereinstimmung mit den sich wandelnden Bedürfnissen des Kindes ihre Beziehungsformen und ihre Einstellungen ihm gegenüber entsprechend zu ändern. Qualität und Art der elterlichen Pflege und Fürsorge üben einen tiefreichenden Einfluß auf seine emotionale Entwicklung aus – auf seine Anfälligkeit für Frustrationen sowie auf seine Wut, Aggressivität, Ängstlichkeit, Hoffnungslosigkeit oder Hilflosigkeit, die es unter verschiedenen Umständen empfindet. Wie Erikson (1950) hervorgehoben hat, beeinflußt die elterliche Fürsorge die Qualität des Urvertrauens, die das Kind entwickelt – des Vertrauens zu anderen und zu sich selbst. Sie beeinflußt sein Autonomiegefühl und seine Wahrnehmung der Schranken, die zwischen ihm und den Elternfiguren aufgerichtet sind. Von ihr hängt ab, wie das Kind seine Zugehörigkeit zum eigenen Geschlecht einschätzt. Sie legt den Grund für das

Vertrauen in die Verläßlichkeit von Zusammenarbeit. Die physiologischen Funktionen des Kindes können durch die Art und Weise, wie die Elternfiguren auf seine physiologischen Bedürfnisse reagieren, dauerhaft beeinflußt werden (Bruch und Palombo, 1961). Bereits nach diesen kurzen Anmerkungen dürfte offenkundig sein, warum die elterlichen Fürsorge- und Pflegefunktionen völlig zu Recht soviel Aufmerksamkeit auf sich gezogen haben und wie tiefgehend sie die Persönlichkeitsentwicklung beeinflussen; doch sie sind nur ein Aspekt der Anforderungen des Kindes an Eltern und Familie.

Der Einfluß der dynamischen Familienorganisation. Mit wenigen Worten gesagt, die Ehepartner müssen eine Elternkoalition bilden, die Schranken zwischen den Generationen aufrechterhalten und zu ihrer jeweiligen Geschlechterrolle stehen, wenn die Familie der integrierten Entwicklung ihres Nachwuchses dienlich sein soll. Dieses Faktorenbündel bei der Persönlichkeitsentwicklung, das zuvor praktisch nicht erforscht worden war und das sich nicht in Kürze darstellen läßt, habe ich an anderer Stelle erörtert (Lidz, 1963). Ein wenig Nachdenken über diesen Fragenkomplex führt jedoch zu der Erkenntnis, daß die Bereitstellung richtiger Identifizierungsmodelle, daß Motivationen zur richtigen Identifizierung, Sicherheit der sexuellen Identität, das Durchlaufen der ödipalen Phase, die Unterdrückung inzestuöser Tendenzen in der Adoleszenz und viele andere solcher Faktoren weitgehend dem Einfluß der Familienorganisation unterliegen und daß ohne eine Elternkoalition und ohne bestmögliche Beibehaltung der Generationenschranke und der Geschlechterrollen Konflikte und Rollenverzerrungen die richtige Kanalisierung seiner Triebregungen, Energien und der Rollenaneignung des Kindes beeinträchtigen können.

Die Familie als ein Sozialsystem. Die Familie ist das erste Sozialsystem, mit dem das Kind bekannt wird und in das es hineinwächst, und in diesem Sozialsystem muß es sich mit den grundlegenden sozialen Rollen vertraut machen, wie sie in der Gesellschaft, die das Kind umgibt, ausgefüllt werden: mit den Rollen von Eltern und Kind, von Jungen und Mädchen, von Mann und Frau, von Ehemann und Ehefrau und mit der Art und Weise, wie sich diese Rollen auf die Familie und ihre Mitglieder auswirken. Wenngleich Rollen als Einheiten eines Sozialsystems aufgefaßt werden können, so können sie doch auch Bestandteile der Persönlichkeit werden, indem sie das Verhalten steuern, damit es den Rollen entspricht, und indem sie den Persönlichkeitsfunktionen Kohäsion verleihen.

Individuen eignen sich Lebens- und Verhaltensmuster nicht völlig unvermittelt an, sondern sie erlernen in vielen Situationen Rollen, die sie anschließend zugunsten ihrer spezifischen individuellen Bedürfnisse modifizieren. In der Familie lernt das Kind auch die grundlegenden gesellschaftlichen Institutionen und ihre Werte kennen, wie die Institutionen der Familie, der Ehe, Institutionen des Wirtschaftsverkehrs und so weiter; die Werte werden durch Identifizierung, Überich-Bildung, Belehrung und Interaktion verinnerlicht. Der Wunsch, an solchen Institutionen zu partizipieren oder sich einer Partizipation zu entziehen, bildet eine starke motivierende Kraft und Verhaltensanleitung im Prozeß der Persönlichkeitsentwicklung. Der Familie ist die Funktion aufgegeben, dem Nachwuchs die vorgeschriebenen, gebilligten und sanktionierten Werte sowie die annehmbaren und die unannehmbaren Mittel bei der Verfolgung von Zielen zu vermitteln. Das Kind lernt das familiäre Wertsystem, die Rollendefinitionen und die Beziehungsmuster weit mehr durch das Verhalten der Familie als durch die Belehrungen der Eltern sowie selbst ihrer bewußten Wertschätzungen.

Die Weitergabe der instrumentalen Kulturtechniken, vor allem der Sprache mit ihrem System von Bedeutungen und logischen Zusammenhängen. Ich behandele den Prozeß der Enkulturation getrennt vom Sozialisationsprozeß. Die Enkulturation umfaßt das, was auf symbolische Weise und weniger durch soziale Organisationen von Generation zu Generation weitergegeben wird, doch augenscheinlich überlappen sich beide Prozesse beträchtlich. Zu den wichtigsten dieser Aufgaben, die der Familie obliegen, gehört es, eine solide Grundlage in der Sprache der jeweiligen Gesellschaft zu bilden. Sprache ist das Werkzeug, das in seiner Bedeutung alle anderen Werkzeuge überragt; sie ist das Mittel, mit dessen Hilfe der Mensch seine Erfahrungen internalisiert, mit dessen Hilfe er darüber nachdenken, Alternativen versuchen, eine Zukunft begrifflich fassen und künftige Ziele anstreben kann, statt einfach nach unmittelbaren Befriedigungen zu suchen. Nach dem ersten Lebensjahr hängt der Erwerb beinahe aller anderen instrumentalen Techniken von der Sprache ab; und die kooperative Interaktion mit anderen, so entscheidend für die menschliche Anpassung, beruht auf der Verwendung eines allen gemeinsamen Bedeutungssystems. Wie ich bereits betont habe, hängt in der Tat die Fähigkeit, das Selbst zu steuern, überhaupt irgendwelche Ich-Funktionen zu entwickeln, von der Verfügung über verbale Symbole ab, mit denen man auf

dem Wege phantasierten Versuchs und Irrtums ein interna-
lisiertes symbolisches Abbild der Welt beeinflussen kann,
ehe man unwiderrufliche Handlungen ausführt (Lidz, 1963).

Unzulänglichkeiten der Familien

Es fiel auf, daß jede der siebzehn von uns intensiv beobachteten Familien schizophrener Patienten bei der Ausübung praktisch all der für die integrierte Entwicklung des Kindes
notwendigen Funktionen Mängel aufwies. Die Unzulänglichkeiten dieser Familien als Entwicklungssettings waren so
durchgängig und extrem, daß Stephen Fleck und ich uns vor
einigen Jahren an den Gedanken klammerten, die schizophrenen Störungen seien eine Art Mangelkrankheit (Lidz und
Fleck, 1965), Krankheit nicht infolge eines Vitaminmangels,
wie einige Leute uns glauben machen wollten, sondern infolge
mangelnder Fähigkeiten der Familie, das in der Entwicklung
befindliche Kind zu pflegen, zu strukturieren, zu enkulturieren
und zu sozialisieren. Das Konzept sollte die globale Natur der
Unzulänglichkeiten und Störungen in all den untersuchten
Familien berücksichtigen und hervorheben.
Nunmehr glaube ich jedoch, daß sich aus diesen mangelhaften,
funktionsuntüchtigen Settings ziemlich spezifische Störfakto-
ren isolieren lassen, die zu der für schizophrene Zustände
charakteristischen emotionalen und kognitiven Regression
und weniger zu anderen psychopathologischen Zuständen
führen können.

Die Natur der schizophrenen Familien

Ich möchte nun die Analyse unserer Befunde zurückstellen
und genauer und konkreter auf die Familiensettings eingehen,
in denen schizophrene Kinder hervorgebracht werden, damit
der Leser den Prozeß der Isolierung oder Abstrahierung der
spezifisch schizophrenogen erscheinenden Faktoren verfolgen
kann.
Bei unseren Untersuchungen stellte sich bereits sehr früh heraus, daß viele der Familien aufgrund elterlicher Zwietracht
gespalten waren und daß diese Zwietracht, sofern sie nicht zur
Scheidung oder Trennung führte, die Familie in einen chronischen Zustand der Aufteilung in zwei gegnerische Fraktionen
versetzte, Verhältnisse, die eine familiäre Umwelt schufen, die
sich auf die Entwicklung unverkennbar schädigend auswirkte.
In anderen Familien hingegen lagen die Eltern nur selten in
offenem Streit, und das Familiensetting erweckte einen ziem-

lich ruhigen Eindruck. Doch als wir diese anscheinend harmonischen Familien näher untersuchten, wurde deutlich, daß sie ein zutiefst gestörtes und zu Störungen führendes Entwicklungsmilieu bereitstellten, denn ein Ehepartner nahm die seltsamen und auch bizarren Vorstellungen des dominierenderen Partners über Kindererziehung und die Art familiären Zusammenlebens in passiver Weise hin. Wir bezeichneten die scheinbar harmonischen Familien als »schief« («skewed«), die offen zerstrittenen als »schismatisch« (»schismatic«) (Lidz, Cornelison, Fleck und Terry, 1957b). Wynne et al. (1958) verwandten später die Begriffe »pseudo-wechselseitig« (»pseudomutual«) und »pseudo-feindselig« (»pseudohostile«), um damit die besagten Familien in etwa ähnlicher Weise unterscheiden zu können. Wenngleich manche Familien zeitweise schief und zeitweise schismatisch und manche Familien zeitweilig Mischformen waren, erschien es dennoch sinnvoll, diese beiden Familientypen zunächst gesondert zu charakterisieren und zu analysieren sowie die allgemeinen Merkmale dieser beiden anscheinend unterschiedlichen Familienkonfigurationen herauszuarbeiten, ehe man daran ging, das Zustandekommen von Synthesen zu beschreiben. Ehe ich mich eingehend mit den Transaktionsmustern des schiefen und des schismatischen Familientyps beschäftige, möchte ich für beide Typen Beispiele anführen. Obwohl ich paradigmatische Familien ausgewählt und der Versuchung widerstanden habe, extreme oder bizarre Fälle heranzuziehen, mit anderen Worten, mich an einschlägigere Beispiele gehalten habe, könnte man mir dennoch vorwerfen, ich hätte mich extremer Fälle bedient; einen solchen Vorwurf dürften freilich nur Leute erheben, die mit Familien schizophrener Patienten nicht vertraut sind.

Die »schiefe« Familie

Familie N. soll als Modellfall des schiefen Familientyps vorgestellt werden; dieser Typ ist bei Familien mit schizophrenen Söhnen häufiger anzutreffen als bei Familien mit schizophrenen Töchtern. Jack N. war während seines ersten Jahres am College manifest schizophren geworden; kurz nach einem Unfall, bei dem zwei seiner Klassenkameraden getötet worden waren und den er selbst unverletzt überstanden hatte, äußerte er wahnhafte Verfolgungsideen, wurde verschlossen und in sich gekehrt. Zwei ausgezeichnete Privatkliniken hatten es nach einiger Zeit abgelehnt, Jack weiter zu behandeln, weil das Personal es nicht tolerieren konnte, daß seine Mutter sich ständig in die Behandlung einmischte. Seine Mutter hängte sich an jeden, der ihr zuhörte, und behauptete steif und fest, ihr Sohn litte an einer endokrinen Störung und müsse ein Präparat erhalten, das bei einem jungen Mann, den sie kannte, angeblich zu einer Heilung geführt hatte. Nachdem man ihr nahegelegt hatte, von ihren Einmischungen abzulassen, versuchte sie das Personal davon zu überzeugen, daß die Probleme ihres Sohnes mit einer Sehstörung zusammenhingen, und nachdem das Klinikpersonal immer offener seinen Unmut darüber äußerte, fortwährend mit ihrer eigenen Diagnose behelligt zu werden, verlegte sie sich wieder auf ihre anfänglichen Behauptungen. Die Trennung von Jack versetzte sie augenscheinlich in unerträgliche Angst, daß außer ihr möglicherweise niemand ihren Sohn verstehen und richtig für ihn sorgen könnte. Bemerkenswert war ihr Widerstand gegenüber Erklärungen, denn sobald jemand ihr widersprach, glaubte sie, er habe entweder nicht gehört oder nicht verstanden, was sie gesagt hatte, und daraufhin wiederholte sie ihre Frage oder ihre Erklärung. Ihre Fähigkeit, zu verleugnen, was sie nicht zu glauben wünschte, war nachgerade erstaunlich. Als eine Krankenschwester, die beobachtet hatte, wie Jack seiner Mutter einen Schlag auf den Rücken versetzte, der sie beinahe zu Boden geworfen hätte, zu ihr eilte, um zu erfahren, ob sie verletzt worden sei, gab sie sich ganz überrascht und behauptete, Jack habe ihr nur einen spielerisch liebevollen Klaps gegeben. Die Klinik, in der Jack zuvor gewesen war, sah sich nach den Ereignissen eines Wochenendes, das er auf Drängen seiner Mutter zu Hause verbracht hatte, außerstande, die Behandlung fortzusetzen. Ein Mädchen, das Jack nur flüchtig kannte, hatte Klage darüber geführt, daß er sie verfolge, und Frau N., die steif und fest behauptete, das Mädchen habe Jack verführt, versuchte dennoch, ihn zu Hause festzuhalten. Als Jack darüber in Wut geriet, rief sie nach einem Krankenwagen, der ihn in die Klinik zurückfahren sollte, eine Handlungsweise, die Jack nur noch mehr aufbrachte. Als die Polizei zur Hilfe gerufen wurde, ging Jack zum Angriff über. Frau N. behauptete gegenüber den Ärzten der Klinik, Jack habe sich daheim sehr gut geführt, bis die Polizei erschienen sei und ihn mißhandelt habe.

In Interviews mit Herrn und Frau N. gemeinsam drängte sich Frau N. ständig in den Vordergrund, selbst wenn Fragen ausdrücklich an den Ehemann gerichtet wurden. Auch in Gesprächen mit ihm allein gab sich Herr N. in erster Linie als Sprecher seiner Frau und wiederholte ihre Forderungen und Fragen, von denen sie glaubte, das Personal habe sie nicht verstanden.

Die Eheleute N. hielten ihre Ehe für zufriedenstellend. Streitigkeiten ereigneten sich nur selten, zum Teil weil Herr N. die Vorstellungen seiner Frau hinnahm, und zum Teil, weil ihm klar geworden war, daß er das Verhalten und die Ansichten seiner Frau nicht werde ändern können. Herr N., ein erfolgreicher Wirtschaftsprüfer in einer großen Gesellschaft, verhielt sich zu Hause still und zurückhaltend und ließ es an Bestimmtheit fehlen. Eine der seltenen Gelegenheiten, da er die Initiative ergriff, ergab sich kurze Zeit, nachdem Jack in das *Yale Psychiatric Institute* eingewiesen worden war. Seine Tochter Sally, die zwei Jahre jünger war als Jack, hatte ihren Eltern mitgeteilt, sie wolle im September heiraten und nicht wieder an das College zurückkehren. Frau N. ignorierte die Sache einfach und weigerte sich, Sallys Entschluß ernst zu nehmen. Als sich Sally am College kein Zimmer reservieren ließ, tat Frau N. dies für sie. Bis zwei Wochen vor dem Termin, den sich Sally und ihr Verlobter gesetzt hatten, wurden keinerlei Hochzeitsvorbereitungen getroffen. Da raffte sich Herr N. auf, ließ eine kleine Hochzeitsfeier vorbereiten, nahm seine Tochter mit zum Einkauf eines Hochzeitskleides und der Aussteuer und redete schließlich auf seine Frau ein, die Realität zu akzeptieren und an der Hochzeitsfeier teilzunehmen, damit sie ihre Tochter nicht verliere.

Ein Blick auf den familiären Hintergrund der Eltern kann zur Erklärung ihrer ehelichen Beziehung beitragen. Herr N. hatte als Junge seine Eltern verloren und war anschließend von Freunden seiner Eltern aufgezogen worden. Er fühlte sich seinen Pflegeeltern verpflichtet und war ein gutes, willfähriges Kind. Obwohl Herr N. auch nach seinem Fortgang zum College weiterhin mit seinen Pflegeeltern auf gutem Fuße stand, hatte er das Gefühl, keine Familie zu haben. Er war ein scheuer Mann, der sich in Gegenwart von Frauen unbehaglich fühlte. Frau N.s Eigenarten lassen sich bis auf ihre Elterngeneration zurückverfolgen. Ihr Vater, ein Mann von großer Gelehrsamkeit, der akademische Grade in mehreren Disziplinen erworben hatte, hatte auf glänzende Weise verschiedene Karrieren begonnen, jedoch letztlich wenig erreicht; er lebte schließlich weitgehend von dem Vermögen, das seine Frau geerbt hatte. Er schien eine auch für Frau N. und ihren Sohn charakteristische Rigidität und Unzugänglichkeit an den Tag gelegt zu haben. Durch sein autoritäres und knauseriges Verhalten hatte er alle seine Kinder gegen sich aufgebracht. Frau N. empfand gegenüber beiden Eltern Verbitterung. Ihr Vater hatte jedermann, der keine höhere Bildung besaß, mit Geringschätzung angesehen, hatte es aber abgelehnt, das Geld seiner

Frau darauf zu verwenden, Frau N. den Besuch eines Colleges zu ermöglichen, da er keinen Sinn darin sah, wenn ein Mädchen das College besucht. Er ließ es nicht zu, daß ein Freund einer seiner drei Töchter das Haus betrat, und warf allen Ernstes mehrere aus der Tür. Herr N. war der einzige Freier, dem er jemals gestattete, das Haus zu betreten. Frau N. äußerte offenen Haß gegen ihre Mutter, die, wie sie erklärte, sich für eine große Schönheit hielt und viele Stunden des Tages darauf verwandte, sich herauszuputzen. Sie hatte ihren Kindern zu verstehen gegeben, daß sie ihre Schönheit und ihr Vermögen in einer unbefriedigenden Ehe vergeudet habe. Sie haßte die Hausarbeit, vernachlässigte den Haushalt und ihre Kinder und bereitete ihnen nicht mehr als eine Mahlzeit täglich zu. Frau N. war mit dem Gefühl aufgewachsen, von beiden Eltern nicht gewünscht zu sein.

Frau N., die eine erfolgreiche Werbegraphikerin geworden war, zeigte sich überrascht, als ihr Mann ihr die Eheschließung vorschlug. Sie hatte ihm nur wenig Aufmerksamkeit gewidmet und ihn lediglich als einen netten jungen Mann angesehen, der während jenes Sommers dem gleichen Bootsklub angehörte wie sie. Verblüfft rief sie aus: »Aber wie alt sind denn eigentlich?« Er hatte jedoch als Freier einen ungewöhnlichen Vorzug, denn nach ihren Worten »ärgerte er sich über mein Gerede nicht so wie die meisten Männer«.

Frau N. war erfreut, als Jack geboren wurde, doch da sie sich im Umgang mit ihrem Baby so unsicher fühlte und befürchtete, sie könnte es ertränken, mußte ihr Mann das Kleinkind baden. Auch Sally, zwei Jahre später geboren, war ihr, wie sie erklärte, willkommen. Doch Frau N. zeigte sich in einem Maße überbesorgt und überbeschützend gegenüber ihren Kindern, daß man auf ein starkes Bedürfnis nach »Ungeschehenmachen« und auf »Reaktionsbildung« im Dienste der Abwehr schließen kann. Sie war häufig über lange Zeit hin unfähig zu jeglicher Tätigkeit, so daß sich ein Dienstmädchen um die Kinder kümmern mußte. Obwohl viele, wenn nicht alle, ihrer Beschwerden neurasthenischer und hypochondrischer Natur waren, litt sie über viele Jahre hin an einer schweren Menorrhagie (übermäßige Regelblutung), lehnte es jedoch ab, ihren Uterus entfernen zu lassen, weil es ihr unerträglich schien, die Gebärmutter zu verlieren, wenngleich sie keine weiteren Kinder mehr wünschte. Als ihre Kinder im schulfähigen Alter waren, kehrte Frau N. an ihren früheren Arbeitsplatz bei einer Werbefirma zurück, und anschließend war sie weniger häufig arbeitsunfähig.

Die Familie lebte in einem relativ isolierten Vorstadtgebiet.

Die Eltern hatten keinerlei enge Freunde, besuchten in unregelmäßigen Abständen ihre Verwandten und unterhielten zu den Nachbarn lediglich oberflächliche Kontakte. Bis zu ihrer Schulzeit lebten die Kinder praktisch in Isolation von anderen Kindern. Sie spielten auf einem eingezäunten Grundstück, wo sie sich sicher bewegen und im Sommer aus Gesundheitsgründen nackt herumtollen konnten. Später erfuhren wir von Jacks früherer Lehrerin, Frau N. habe die Lehrer ihrer Kinder zur Verzweiflung getrieben, da sie häufig in der Schule aufgetaucht sei, um dafür zu sorgen, daß ihre begabten Kinder einen Unterricht erhielten, der ihren ungewöhnlichen Fähigkeiten gerecht würde. Beide Kinder ließen Talent erkennen: Sally, die am College Kunst studierte, errang aufgrund ihrer Leistungen allgemein Beachtung und Anerkennung, und Jacks Malereien, die sich durch Sorgfalt in den Details auszeichneten, ließen viel Eifer und Geschicklichkeit, wenngleich wenig schöpferische Phantasie erkennen.

Obwohl Herr N. in seinem Beruf sehr befähigt war, zeigte seine Frau vor seinen Ansichten wenig Respekt und neigte dazu, ihn wie ein Kind zu behandeln. Unverkennbar deutete sie ihren Kindern gegenüber an, daß sie ihren Mann geringschätze, und ließ ihren Wunsch erkennen, Jack möge Künstler werden und keineswegs ein Mann wie sein Vater. Herr N. stand unter dem Eindruck des Gefühls, er wisse nichts über Kindererziehung, war jedoch willens, nach Kräften dabei zu helfen, indem er die Anweisungen seiner Frau befolgte. Das Leben von Frau N. – und notgedrungen das Leben von Herrn N. – konzentrierte sich auf ihre Kinder, vor allem auf Jack, der nach ihrer Meinung der große Künstler werden würde, der sie nicht hatte werden können, weil sie einerseits keine Ausbildung genossen hatte und andererseits eine Frau war. Trotz ihrer Ängste um die Kinder, oder vielleicht weil die Angst für sie unerträglich war, schickte sie Jack auf eine Schule, die aufs College vorbereitete; er kam hier leidlich voran und konzentrierte sich auf seine Kunststudien, ohne daß es ihm gelang, wirkliche Freunde zu gewinnen.

Nach Ausbruch seiner Psychose kreiste das Leben seiner Eltern nur um ihn. Frau N. erklärte ihrem Mann: ›Solange Jack krank ist, hat unser Leben keinen Sinn.« Sie versuchte den ganzen Tag über an Jack zu denken, als wenn sie mit ihm Gedanken austauschte, doch einmal gestand sie ihre Befürchtung ein, sie könne ihn vergessen, wenn sie jemals aufhörte, sich Sorgen um ihn zu machen. Sally geriet über die Hospitalisierung ihres Bruders in höchste Aufregung und mußte mit einem erneut aufbrechenden rheumatischen Fieber das Bett hüten. Sie wurde zu einem Psychiater geschickt, und nachdem sie kurze Zeit mit ihm an ihren Problemen gearbeitet hatte, verließ sie das Elternhaus und lehnte es ab, weiterhin mit ihrer Mutter zu tun zu haben. Herrn N. gelang es, so etwas wie eine Versöhnung zustande zu bringen, doch Sally empfand tiefen Groll darüber, daß ihre Mutter, die all ihre Aufmerksamkeit und all ihre Gedanken ihrem psychotischen Sohn widmete, sie unterdessen vernachlässigte. Nach ihrer Eheschließung weigerte sich Sally nicht nur, ihre Eltern zu besuchen, sondern gestattete es auch nicht, daß ihre Eltern sie besuchten. Obwohl sie nur wenige Kilometer von der Klinik entfernt wohnte, in der Jack untergebracht war, besuchte sie ihn im Verlauf mehrerer Jahre nur zweimal. Sie hatte das sichere Gefühl, sich von ihrer Familie trennen zu müssen, wenn sie ihre psychische Gesundheit nicht gefährden wollte. Nichtsdestoweniger wurde Sally nach fünf oder sechs Ehejahren mit einer schizoaffektiven Störung für mehrere Monate hospitalisiert. Wenngleich ihr Psychiater der Meinung war, ihre Schwierigkeiten seien in erster Linie depressiver Natur, so stellte er doch darüber hinaus fest, daß es sich bei ihr um eine zurückhaltende Person handelte, die mit seltsamen Vorstellungen und Methoden an die Erziehung ihres Kindes heranging.

Nachdem Herr und Frau N. über mehrere Jahre hin einmal die Woche zu Gesprächen mit einem Sozialarbeiter zusammengetroffen waren, änderten sie ihr Verhalten und ihre Einstellung zwar nur geringfügig, aber möglicherweise signifikant. Herr N. erkannte, daß sich hinter der anmaßenden und dogmatischen Art seiner Frau Unsicherheit verbarg, daß sie keine Autorität in der Kindererziehung darstellte und daß sie über ihren Sohn nichts hören wollte oder konnte, was mit ihren eigenen Bedürfnissen nicht übereinstimmte. Er begann in familiären Angelegenheiten einige Initiative zu ergreifen, und dies gestattete seiner Frau, ihre Abwehr ein wenig zu lockern. Frau N. konnte bisweilen ihre Ängste äußern, statt sich weiterhin in einer Weise zur Wehr zu setzen, die von ihrer Familie verlangte, ihre Entstellungen von Ereignissen als Realität hinzunehmen.

Die Kommunikation mit Frau N. und Versuche, ein sinnvolles Gespräch mit ihr zu führen, stießen auf große Schwierigkeiten. Häufig konnte man nicht sicher sein, ob sie begriff, was ihr erklärt wurde, oder ob das, was man ihr erklärte, für sie überhaupt von Belang war. Man konnte nicht sicher sein, ob es in einer bestimmten Frage zu einer Einigung gekommen war, denn nachdem die Angelegenheit abgeschlossen schien, fuhr Frau N. als Ausdruck ihrer Unzufriedenheit fort, ihre Argumente zu wiederholen. Dennoch wußte Frau N. die ihrem Sohn zuteil werdende Fürsorge wie auch die Aufmerksamkeit zu schätzen, die das Klinikpersonal ihr entgegenbrachte.

Ihre Kommunikationsschwierigkeiten traten bei projektiven Tests klar zutage. Sie gab höchst vage Antworten, entstellte ständig Bedeutungen und wurde bei Fragen zu ihren Antworten noch ausweichender. Die Antworten, die sie vorbrachte, als sie zum erstenmal eine Rorschach-Karte zu Gesicht bekam, veränderten sich bei der »Nachuntersuchung« oder wurden weggelassen. Nur selten sprach sie über irgend etwas direkt, und sie ließ erkennen, daß es kaum der Mühe wert sei, nach Bedeutungen zu suchen, denn ihr gefiel nichts, was sie auf den Testkarten vorfand. Sie umgab sich mit der Aura einer netten, süßen Person, brachte es jedoch andererseits fertig, ihr Gegenüber in Schuldgefühle darüber zu stürzen, daß er sie nicht verstand, oder ihn dem Eindruck auszuliefern, er sei in einen Sumpf aus Vagheiten und Widersprüchen geraten. Nach ihrer Meinung war der Prüfer für den Mangel an Klarheit und für die Sinnlosigkeit ihrer Antworten verantwortlich. Sie ließ es an Energie fehlen und trieb in ihrer Unentschiedenheit dahin. Eine Bemerkung, die sie einstreute, während sie zu einer Karte des Thematischen Apperzeptionstests (TAT) eine Geschichte erzählte, scheint ihre basale Einstellung zum Ausdruck zu bringen: »Alles kann durcheinander geraten, wenn man nicht seinen eigenen Weg geht.« Sie behauptete, alle Interaktionen seien unsinnig, weil unlogisch, doch sie bot niemals eine logische Interpretation an. Sie äußerte sich zu Antworten ihres Sohnes auf TAT-Karten und hatte damit für gewöhnlich recht. Angesichts sexueller Themen geriet sie in noch stärkere Desorganisation als gewöhnlich; sie schien überdies bei den TAT-Karten nicht zwischen Mann und Frau zu unterscheiden.[4]

Frau N. war augenscheinlich eine sehr schwierige und gestörte Frau, der es trotz ihrer fließenden Ich-Grenzen, ihrer merkwürdigen Realitätsprüfung und ihrer sterilen interpersonalen Beziehungen gelang, in ihrem Beruf produktiv zu bleiben und psychotische Desorganisation zu vermeiden. Sie schien ein labiles Gleichgewicht dadurch aufrechtzuerhalten, daß sie den wenigen Personen, die ihr etwas bedeuteten, ihre Ansicht von der Welt aufdrängte und daß sie ihr eigenes Leben und das ihrer Familie auf die engen Grenzen verwies, in denen sie sich sicher bewegen konnte.

Obwohl Frau N. ein klassisches Beispiel für den als »schizo-

[4] Aus den von Dr. Margaret Thaler Singer gegebenen Interpretationen der projektiven Tests.

phrenogen« zu bezeichnenden Muttertyp abgab und obwohl ihre Probleme das auffälligste Merkmal der familiären Transaktionen bildeten, resultierte die beschädigte und schädigende Familienumwelt aus den Problemen beider Elternteile. Herr N., daheim passiv abwartend, übernahm weder die väterliche Führungsrolle noch setzte er sich gegen seltsame Ansichten und Verhaltensweisen seiner Frau zur Wehr. Die Generationsschranken innerhalb der Familie waren niedergerissen, weil er sich eher wie ein Kind als wie ein Ehemann verhielt und gegenüber seinen Kindern, bei denen seine Frau die emotionalen Befriedigungen suchte, die sie benötigte, in untergeordneter Stellung verharrte. Die geschlechtsgebundenen Rollen waren nicht nur aufgrund der Unzulänglichkeiten von Frau N. als Ehefrau und Mutter, sondern auch aufgrund der ausgeprägten Passivität von Herrn N. und seiner untergeordneten Rolle innerhalb der Familie aus dem Lot geraten.

Infolge der Isolation, in der die Kinder aufgewachsen waren, der praktisch nicht vorhandenen Bindungen zu anderen Familien und der exzentrischen Lebensweise der Familie war des weiteren auch die Sozialisation der Kinder beeinträchtigt.

Das von Herrn N. als sinnvoll hingenommene Verzerren sprachlicher Bedeutungen seitens Frau N. hatte zu ausgedehnten Kommunikationskonfusionen geführt. Die häusliche Atmosphäre war überdies von einem Gefühl der Entmutigung durchdrungen; nur die an künftige Leistungen der Kinder geknüpften Erwartungen gaben dem Leben von Frau N. ein wenig Sinn.

Wenn auch die schiefe Familie vornehmlich männliche Patienten hervorbringt, so kommen aus ihr bisweilen auch schizophrene Töchter, vielleicht besonders häufig in Fällen, in denen von der Tochter erwartet wird, daß sie eine berufliche Karriere einschlägt. Eine Frau, die als Schriftstellerin nur mäßigen Erfolg hatte, wehrte ihre Frustration ab, indem sie ihre Hoffnungen auf ihre Tochter übertrug, von der sie fortan erwartete, sie werde sich zur großen amerikanischen Schriftstellerin entwickeln. Ihr Ehemann, obgleich ein höchst erfolgreicher Kunsthändler, war innerhalb der Familie lediglich ein passives Anhängsel seiner Frau.

Bisweilen werden die abwegigen oder wahnhaften Vorstellungen eines Elternteils von dem anderen Ehepartner übernommen, und es kommt so zu einer *folie à deux* oder, wenn sie von allen Familienmitgliedern geteilt werden, zu einer *folie en famille*. Der Vater eines schizophrenen Sohnes gehörte einer esoterischen östlichen Religionssekte an und hielt sich schließlich für eine Reinkarnation Buddhas. Der gleichen Ansicht war nicht nur seine Frau, sondern auch die Erzieherin und schließlich auch seine beiden Kinder. Als der Sohn kurze Zeit nach dem Tode seines Vaters psychotisch wurde, übernahm er im Grunde genommen die Göttlichkeit seines Vaters, allerdings ohne die soziale Beschränkung und die Geheimhaltung, mit deren Hilfe der Vater versucht hatte, seine Wahnideen auszuleben (Fleck, Freedman, Cornelison, Lidz und Terry, 1957).

Die wichtigsten Merkmale des schiefen Familienmusters

Wenngleich sich jede schiefe Familie von der anderen unterscheidet, so können wir doch auf dem Wege der Abstraktion ein Muster zusammenstellen, demgegenüber die Einzelfälle den Charakter von Variationen haben.

In der schiefen Familie dürfte dem Beobachter die als »schizophrenogen« bezeichnete Mutter auffallen, eine Mutter, die für die Bedürfnisse der anderen Familienmitglieder als eigenständiger Individuen unzugänglich ist und in das Leben des Kindes in extremer Weise eingreift. Doch ebenso problematisch sind das höchst unzulängliche Modell, das der Vater seinem Sohn anbietet, sowie seine Unfähigkeit, sich den von der Mutter praktizierten abwegigen Methoden der Kindererziehung entgegenzustellen. Obwohl die Mutter ernste Schwierigkeiten hat, sich ihrem Sohn liebevoll und mütterlich zuzuwenden, solange er Kleinkind ist, zeigt sie sich schon bald überbeschützend, unfähig, das Gefühl zuzulassen, daß ihr Sohn auch ohne ihre ständige Fürsorge und Überwachung existieren kann. Sie kann nicht zwischen ihren eigenen Ängsten, Bedürfnissen und Gefühlen und denen ihres Kindes unterscheiden. Die Mutter sucht durch ihren Sohn eigene Erfüllung und gibt ihm zu verstehen, daß ihr Leben ohne ihn leer und sinnlos sei. Sie möchte, daß er das Leben auslebt, das ihr nach ihrem Gefühl verschlossen gewesen ist, weil sie eine Frau ist. Sie möchte auf narzißtische Weise auf sich selbst gestellt, unabhängig sein, braucht aber tatsächlich einen Sohn, der sie ihre tiefe Verwundung und den Mangel an Selbstachtung, an dem sie leidet, weil sie eine Frau ist, vergessen machen soll. Der Jugendliche oder junge Erwachsene, der während seiner Kindheit in einer höchst abhängigen Beziehung gehalten worden ist, glaubt fortan nicht nur, daß er ohne seine Mutter nicht zurechtkomme, sondern daß auch sie ohne ihn nicht zurechtkomme. Trotz der Besorgtheit seiner Mutter wird ihm allmählich klar, daß sie sich jedem seiner Versuche widersetzt, zur Autonomie ihr gegenüber zu gelangen. Er entwickelt Ängste, von ihr völlig vereinnahmt oder verschlungen zu werden, und muß sich bisweilen einer inzestuösen Gefühlsverwicklung entziehen; doch jeder Schritt zur Trennung, sogar ein mißlungener Versuch, die feindseligen Komponenten seiner Ambivalenz zu unterdrücken, wird als gleichbedeutend mit der Absicht, sie zu töten, erlebt. Er ist in der Tat unentbehrlich zur Abwehr oder zumindest zur Linderung des tiefreichenden Leeregefühls, das seine Mutter erfüllt – eines Leeregefühls und eines Mangels an Selbstachtung, der wahrscheinlich darauf zurückzuführen ist, daß sie in ihrer eigenen Kindheit außerstande war, mütterliche Zustimmung oder Zuwendung zu erhalten.[5] In solchen Familien ist der Vater für gewöhnlich ein passiver Mann, der gegenüber den seltsamen Verhaltensweisen seiner Frau eine übertriebene Rücksicht an den Tag legt, der sich eher wie ein Anhängsel seiner schwer gestörten Ehefrau oder wie ein Sohn als wie ein Ehemann verhält und infolgedessen für seinen Sohn nur ein höchst unzulängliches Modell bereitstellt; andere Väter fühlen sich unter Umständen von der Mutter-Sohn-Symbiose ausgeschlossen und benehmen sich wie eifersüchtige Brüder; und wieder andere sind schwer gestört, sind Alkoholiker oder Psychotiker, und versetzen die Familie in eine derartige Unruhe, daß von ihnen keinerlei positive Einflüsse auf die Söhne ausgehen. Wie immer der Vater beschaffen sein mag, er ist innerhalb der Familie ohne Wirkung und Einfluß und erntet die Verachtung seiner Frau, die ihrem Sohn explizit oder implizit zu verstehen gibt, er dürfe nicht werden wie sein Vater. Sich dem Bilde seines Vaters zu nähern bedeutet für den Sohn, ein »kastrierter« Mann oder ein gestörter Mensch zu werden, der Verwirrung und Leiden in die Familie trägt. Im allgemeinen ist der Vater um so passiver, je symbiotisch vereinnahmender die Mutter ist, und in Fällen, in denen die Mutter innerlich stabiler ist, werden ihre größere Reife und Ausgeglichenheit durch die größere Instabilität des Vaters wettgemacht. Es kann durchaus sein, daß Mütter, je kontrollierender und symbiotischer sie sind, um so eher Männer heiraten, die für sie lediglich Anhängsel sind – einige haben ausdrücklich erklärt, sie hätten nur geheiratet, um einen Sohn zu haben –, und daß weniger pathologische Mütter dazu getrieben werden, basale emotionale Befriedigung bei einem Kind zu suchen, aufgrund des Mangels an Unterstützung und Be-

---

[5] Das Gefühl der Mutter, als Mädchen unerwünscht gewesen zu sein, sowie die Unfähigkeit der Mutter, sie in der Kindheit angemessen psychisch zu besetzen, und damit zusammenhängende Probleme werden in Kapitel XVII von *Schizophrenia and the Family* (Lidz, Fleck und Cornelison, 1965) erörtert.

friedigung von seiten eines schwer gestörten Ehemanns, dessen Bedürfnis nach narzißtischer Zufuhr ihn intensive Eifersucht auf ein Kind entwickeln läßt oder ihn zur Suche nach der Bewunderung seitens einer anderen Frau oder in den Alkohol treibt.

In solchen Familien ist das emotionale Gleichgewicht der Mutter – gelegentlich auch des Vaters – derart leicht zu stören, daß sie ihre Stabilität nur aufrechterhalten kann, wenn sie Ereignisse entsprechend ihren Bedürfnissen wahrnimmt und darauf beharrt, daß andere ihre Wahrnehmungen genauso wie sie selbst entstellen. Sie ist unfähig, die eine rigide Rolle, mit der sie sich einrichten kann, abzulegen, und sie ignoriert alles, was sie aus dem Gleichgewicht bringen könnte. Im Grunde genommen ist sie unfähig, sich zu vergegenwärtigen, daß andere Familienmitglieder nicht wie sie wahrnehmen und fühlen können oder daß das Leben ihres Ehemanns oder ihrer Kinder nicht nur eine Ergänzung ihres eigenen Lebens ist. Mithin ist ein Elternteil, für gewöhnlich die Mutter, zutiefst egozentrisch. Da der Vater solche Einstellungen nicht abwehrt oder den Versuch aufgegeben hat, zu leisten, was er nicht vermag, ist die Familienatmosphäre seltsam und unreal, und sie zwingt die Kinder dazu, sich ihr anzupassen und überdies die verzerrte Wahrnehmung von Ereignissen zu akzeptieren oder das Gefühl zu haben, unerwünscht zu sein. Die Welt, wie das Kind sie kennenlernen sollte, und die Emotionen, wie sie von Ereignissen ausgelöst werden sollten, verfallen der Verleugnung. Die weitere Beschreibung und Erörterung der verbalen und nicht-verbalen Kommunikationsverwirrungen und -verzerrungen wollen wir für die Behandlung des kritischen Problems der in all den Familien vorherrschenden schwerwiegenden Kommunikationsstörungen aufsparen.

Die schismatische Familie

Die schismatischen Familienmuster bilden für gewöhnlich das Setting, in dem schizophrene Patientinnen heranwachsen, und daher möchte ich eine Familie mit einer schizophrenen Tochter als Modell heranziehen, wiederum eine Familie, die trotz ihrer ernsten chronischen Disharmonie keineswegs als ein extremes Beispiel anzusehen ist.

Nancy G. war zwanzig Jahre alt und besuchte im zweiten Jahr das College, als ihre Schizophrenie ausbrach. Die G.s waren eine Vorstadtfamilie der oberen Mittelschicht, die aus den Eltern, beide wenig mehr als fünfzig Jahre alt, der Patientin und einer achtzehnjährigen Schwester mit Namen Ellen bestand, die gerade in das College eingetreten war. Die von Anfang an mit erheblichen Schwierigkeiten belastete Ehe der Eltern geriet vollends in Disharmonie, als Frau G. mit Nancy schwanger ging.

Wenn wir den Ursprung der Familienprobleme verstehen wollen, müssen wir uns kurz vergegenwärtigen, wie es um die Eltern bestellt war, als sie fünfundzwanzig Jahre vor der Hospitalisierung der älteren Tochter die Ehe eingingen. Ehe er seine Frau traf, hatte Herr G., damals sechsundzwanzig Jahre, sich noch nie mit einem Mädchen verabredet. Ein schüchterner, zurückhaltender Mann, von Beruf Industriechemiker, legte er bereits damals eine von Neid und Feindseligkeit erfüllte Lebenshaltung an den Tag und neigte zu depressiven Verstimmungen. Er war stets ein »Einsiedler« gewesen, ein Mann ohne enge Freunde. Er stammte aus einer in Dakota ansässigen, relativ wohlhabenden Farmer-Familie deutsch-lutherischer Herkunft. Nach den Worten von Herrn G. war sein Vater ein sehr strenger Mann von rigiden Glaubensüberzeugungen; er dürfte leicht paranoid gewesen sein, denn er erlaubte seiner Frau nur ein- oder zweimal im Jahr, die Farm zu Einkäufen in der Stadt zu verlassen. Herrn G.s Mutter, gebürtig aus Deutschland, hatte eine bessere Erziehung genossen als die meisten Farmfrauen der Umgebung. Herr G. fühlte sich in der High school als Außenseiter, weil die meisten seiner Klassenkameraden aus skandinavischen Familien stammten, und er hatte auch am College den Eindruck, ein Außenseiter zu sein, weil er, obwohl er die staatliche Universität besuchte, ein »Bauerntölpel« war. Sein Vater hegte ein Vorurteil gegen wissenschaftlich ausgebildete Farmer und gestattete ihm den Besuch des Colleges nur unter der Bedingung, daß er nicht das Studium der Landwirtschaft ergriff. Die zahlreichen Geschwister Herrn G.s lebten alle auf Farmen in der Nähe seines Elternhauses; Herr G. konnte aus unerfindlichen Gründen mit keinem seiner Geschwister etwas anfangen, mit Ausnahme einer älteren Schwester, und unterhielt zu ihnen nur lockeren Kontakt. Nach einem Jahr Studium als Graduierter fand Herr G. eine berufliche Stellung in einem großen chemischen Unternehmen und blieb dort.

Frau G.s Vater war Gasthausinhaber oder Restaurantbesitzer, je nachdem, welcher der Eltern Nancys darüber Auskunft gab. Jedenfalls war er deutsch-katholischen Glaubens, während seine Frau eine fromme irische Katholikin war. Der Vater verhielt sich gegenüber seiner Frau und seinen Söhnen streng und sogar grausam; nur seine einzige Tochter, sein Lieblingskind, hatte es besser bei ihm. Sie sprach jedoch mit einem Unterton der Verbitterung über ihre Mutter, die sie nach ihrem Gefühl vernachlässigt hatte. Frau G. hatte zwei Jahre lang am Juniorencollege studiert, als sie heiratete. Sie hielt unbeirrt an ihrem katholischen Glauben fest und hatte ihre eigenen Vorstellungen von Richtig und Falsch.

Herr G., einsam und ohne Freunde in einer Stadt weitab von seinem Elternhaus lebend, war seiner Frau in der Gastwirtschaft ihres Vaters begegnet, die er ziemlich regelmäßig zum Essen aufgesucht hatte. Obwohl er mit seinen Äußerungen zu verstehen gab, er sei ein leichtsinniger Bauerntölpel gewesen, der sich von einem arglistigen Mädchen in die Falle der Ehe habe locken lassen, so haben wir doch in Erfahrung gebracht, daß seine Frau erst dann in die Ehe mit ihm eingewilligt hatte, nachdem er ihr schriftlich versprochen hatte, die Kinder sollten im katholischen Glauben erzogen werden. Frau G. fühlte sich offensichtlich zu einem Wissenschaftler aus einer ziemlich wohlhabenden Familie hingezogen, doch sie hatte es verstanden, einen Ehemann auszuwählen, der Ähnlichkeit mit ihrem Vater hatte – einem eigensinnigen, in seinen Vorstellungen versponnenen Mann mit teutonischen Verhaltensweisen.

Die Ehe gestaltete sich von Anfang an schwierig. Herr G., als Mann verunsichert, Bewunderung heischend, eiferte dem Bild seines Vaters nach und erwartete von seiner Frau Gehorsam und Verehrung. Er betrachtete ihre Bindung an die Kirche als Untreue ihm gegenüber und suchte zu verhindern, daß sie zur Beichte ging und Familiengeheimnisse preisgab. Ohne Bekanntschaft mit Katholiken aufgewachsen, behauptete er, ihm sei nicht aufgegangen, daß der Katholizismus mehr als nur eine Religion, nämlich auch eine Lebensart ist. Von Zweifeln geplagt über die Treue seiner Frau, spürte er ihr gelegentlich nach. Jeder Streit zwischen den Eheleuten verlagerte sich alsbald auf die unterschiedlichen religiösen Auffassungen. Herr G. kam zu dem Entschluß, keine Kinder in die Welt zu setzen, um auf diese Weise nicht an sein Versprechen gebunden zu sein, sie im katholischen Glauben zu erziehen. Seine Praxis der Empfängnisverhütung bedrohte allerdings die kirchliche Bindung seiner Frau. Eine weitere unübersehbare Quelle ehelicher Auseinandersetzung bildete das Thema Ausbildung. Herr G. behandelte seine Frau und ihre Auffassungen mit Geringschätzung, weil sie keinen Collegegrad erworben hatte. Für die kommenden fünfundzwanzig Jahre gaben Religion und Erziehung immer wieder Anlaß zum Streit.

Mit der Zeit empfand Herr G. immer größere Verachtung für

die Dummheit seiner Frau. Frau G. war in der Tat viele Jahre, ehe Nancy schizophren wurde, geistesabwesend und zerstreut gewesen. Sie konnte ohne Unterlaß reden, wobei der Zuhörer sich fragte, ob sie überhaupt etwas gesagt hatte. Zum Zeitpunkt unserer Untersuchung waren ihre Äußerungen voll von Platitüden, Gemeinplätzen und scheinbar allgemein geteilten Meinungen, mit denen sie ihrer tragischen Ehe einen Hauch von Zuckerguß zu verleihen suchte. Anfangs war das Personal der Meinung, sie sei schwachsinnig, und vermochte sich nicht vorzustellen, wie sie die Aufgabe einer Aushilfslehrerin erfüllen könnte, doch dieser Eindruck war irreführend. Bei Intelligenztests erreichte sie Ergebnisse, die im oberen Durchschnittsbereich lagen. Wir konnten uns vorstellen, warum ihr Mann in Wut geriet, wenn er sich mit ihr über ein Thema zu verständigen suchte. Ihre psychotische Tochter erklärte, ihr eigenes Denken und Sprechen sei unbestimmt geworden und desorganisiert, nachdem sie in voller Absicht den Sprachstil ihrer Mutter kopiert habe, um auf diese Weise die unerträgliche Aufdringlichkeit und das ständige Fragen ihrer Mutter nach ihren Tätigkeiten außer Haus abzuwehren. Herrn G.s paranoide Tendenzen verstärkten sich nach und nach; zuweilen glaubte er, seine Mitarbeiter seien gegen ihn, wenn sie sich nicht sogar gegen ihn verschworen hätten, um ihn loszuwerden. Seine Äußerungen gegenüber Nancy während ihres Klinikaufenthalts waren zynisch, argwöhnisch und auf niederschmetternde Weise quälend, besonders als seine chronische Krankheit sich verschlimmerte.

Als Frau G. drei Jahre nach der Eheschließung schwanger wurde, beschuldigte er sie, wenngleich selbst für die Empfängnisverhütung verantwortlich, sie habe den Rat ihrer Mutter befolgt, die kriselnde Ehe durch ein Kind zu kitten. Die Wortgefechte arteten in Gewalttätigkeiten aus, und einmal schlug Herr G. seiner schwangeren Frau in den Unterleib, ein Vorfall, den sie niemals vergaß und ihrem Mann auch nie zu vergeben vermochte. In der Folgezeit entwickelte sich die Ehe zu einem feindseligen Gegeneinander, in dessen Mittelpunkt die religiöse Erziehung des Kindes stand. Trotz seines vor der Ehe gegebenen Versprechens weigerte sich Herr G., seine Tochter taufen zu lassen. Seine Frau fühlte sich hintergangen und dachte daran, ihn zu verlassen, befolgte jedoch den Rat ihres Geistlichen, um des Kindes willen die Ehe aufrechtzuerhalten. Obwohl Frau G. sich sehr gewünscht hatte, ein Kind zu bekommen, war sie als Mutter höchst unsicher, und ihre Unsicherheit verstärkte sich noch, weil sie ihre Tochter nicht in der einzigen Glaubenstradition erziehen konnte, die sie kannte, und das wiederum ließ sie an dem Seelenheil des Mädchens zweifeln. In ihrer Unsicherheit klammerte sie sich an Erziehungsregeln, die sie aus Büchern kannte, aus Büchern, die in einer Zeit geschrieben worden waren, als man noch rigides, früh einsetzendes Verhaltenstraining für notwendig hielt, und sie geriet jedesmal in Besorgnis, wenn ihr Kind eigene Initiative an den Tag legte. Die Geburt des Kindes hatte die Eltern einander noch mehr entfremdet, statt ihnen zu einer von beiden gebilligten Zielvorstellung und zu einer gemeinsam geteilten Befriedigung zu verhelfen. Die Geburt ihrer Schwester Ellen war nicht mit derartigen Gewaltausbrüchen verbunden, obwohl auch sie von Herrn G. nicht gewünscht war. Genau wie im Falle von Nancy erwartete Herr G. von seiner Frau, daß sie sich seinen Befehlen hinsichtlich der religiösen Erziehung Ellens beugte. Statt dessen hatte Frau G., die jede Hoffnung aufgegeben hatte, die Zustimmung ihres Mannes zu erhalten, beide Kinder taufen lassen und ihr Vorgehen damit gerechtfertigt, daß ihr Mann sein Versprechen gebrochen hatte. Als Herr G. von der Taufe erfuhr, geriet er in Wut und mißtraute seiner Frau fortan noch mehr. Bei der Erziehung ihrer zweiten Tochter verhielt sich Frau G. erheblich weniger einschränkend, denn sie hatte inzwischen die Erfahrung gemacht, daß ein Kind mehr als die nach einem wie immer gearteten Plan zugeteilte Befriedigung körperlicher Bedürfnisse braucht.

Frau G. erhielt bei der Erziehung ihrer Kinder keinerlei emotionale Unterstützung seitens ihres Mannes. Fortwährend äußerte er sich vor den Kindern mißbilligend über ihr Verhalten, und sie reagierte darauf, indem sie ihn herabsetzte. Die Familie unterhielt nur wenige gesellschaftliche Kontakte: Die Mutter traf sich mit einigen befreundeten Frauen, und der Vater blieb zu Hause, wenn er nicht arbeitete, scheinbar in Apathie verfallend, wenn er nicht gerade einen Streit vom Zaune brach. Das Familienleben war von verschiedenen Einstellungen geprägt. Der Vater äußerte in aller Offenheit seine paranoiden Vorstellungen über den Katholizismus und machte für seine eigenen Schwierigkeiten wie auch für viele Schwierigkeiten der ganzen Welt die katholische Erziehungsweise verantwortlich. Ständig setzte er seine Frau wegen ihres katholischen Glaubens herab, belegte sie mit dem Namen »Fischesser« und mit noch weniger schmeichelhaften Namen und ließ keine Gelegenheit aus, auf katholische Übeltäter hinzuweisen, über die er in der Zeitung las. Die Kommunikation der Eltern verkam zu harten Auseinandersetzungen über triviale Angelegenheiten, die alsbald in religiöse Konflikte mündeten. Unter Belastungssituationen wurde Frau G. noch zerstreuter als gewöhnlich.

Das Ehepaar lebte miteinander wie Feinde, die sich gegenseitig nicht ausstehen können, doch nach meiner Meinung wäre es falsch, die Beziehung als »pseudo-feindselig« zu bezeichnen oder sogar anzunehmen, die Eheleute bezögen aus ihrer Beziehung sadomasochistische Befriedigung, die sie für ihr Unglück entschädigte. Sie blieben vermutlich trotz häufiger Trennungsdrohungen nicht nur »wegen der Kinder« zusammen, sondern auch weil keiner von beiden irgend jemanden hatte, an den er sich wenden konnte, und weil keiner von ihnen auf sich selbst gestellt leben konnte, vor allem nachdem Herr G. arbeitsunfähig geworden war. Trotz des Vorsatzes, den Mund zu halten, vermochten sie Streitigkeiten nicht zu vermeiden, weil Herr G. sich zynische und beißende Kommentare nicht verkneifen konnte und weil Frau G. in bemerkenswerter Taktlosigkeit nicht wußte, wann sie besser schweigen sollte. Da sie ihren Mann fürchtete, gab sie häufig vor, mit ihm einig zu sein, handelte jedoch dann so, wie es ihr paßte, was ihn zur Weißglut trieb.

Als Nancy heranwuchs, umwarb der Vater sie, um sie auf seine Seite in der geteilten Familie zu ziehen und um ein wenig von der Gratifikation und Bewunderung zu erhalten, die seine Frau ihm versagte. Als Nancy neun Jahre alt war, verschlimmerte sich die Situation noch, denn aufgrund einer chronischen Krankheit, die ihm erhebliche Schmerzen bereitete und ihn in seinen Aktivitäten einschränkte, wurde Herr G. arbeitsunfähig. Er konnte es nicht ertragen, von seiner Frau körperlich abhängig zu sein, und er war ein reizbarer Patient, der sich in Zeiten, da seine Krankheit sich verschlimmerte, zu heftigen, gewalttätig ausartenden Wutanfällen hinreißen ließ. Als Nancy vierzehn Jahre alt war, da war Herr G. bereits seit drei Jahren völlig arbeitsunfähig, denn er lehnte es ab, sich einer Operation zu unterziehen, die ihn ein wenig entstellt hätte; offensichtlich vermochte er keine weitere narzißtische Verletzung hinzunehmen. Frau G. ging ihrer Arbeit nach, und mit Hilfe beider elterlicher Familien gelang es Familie G., leidlich zurechtzukommen, ohne in schwerwiegende wirtschaftliche Schwierigkeiten zu geraten. Nachdem Herr G. sich einer Operation unterzogen hatte, die allmählich unvermeidlich geworden war, kehrte er an seinen Arbeitsplatz zurück, doch es stellten sich Rückfälle ein, die gelegentlich weitere chirurgische Eingriffe erforderten.

Bei Eintritt ins Adoleszenzalter machte Nancy auffällige Veränderungen durch. Ihre Mutter war noch aufdringlicher geworden, noch argwöhnischer gegenüber allem, was Nancy außer Haus tat, doch die Tochter begann sich zur Wehr zu setzen; sie hüllte sich in Schweigen, als ihre Mutter ihr nachstellte und sie sogar durchs Haus hetzte, dabei hartnäckig in sie dringend, ihr zu erzählen, was sie getan hatte. Nancy sprach mit der Zeit so unbestimmt wie ihre Mutter und so ausweichend wie ihr Vater. Ihr Vater gestattete ihr vor dem sechzehnten Lebensjahr nicht, sich mit einem Jungen zu treffen, doch dann schien Nancy »männertoll« zu werden. Frau G. geriet außer sich, und ihr Argwohn wuchs, als sie beobachtete, wie auffällig Nancy sich kleidete. Schließlich stand Nancy nicht nur im Brennpunkt der elterlichen Auseinandersetzungen, sondern wurde auch zum Sündenbock, dem die Eltern die Schuld an ihren Streitigkeiten anlasten konnten. Wenn Nancy sich mit einem katholischen Jungen traf, dann verbot ihr der Vater das Wiedersehen mit ihm; war es ein protestantischer Junge, dann regte sich ihre Mutter auf. Wenn ein Junge weder ein College besuchte noch zu besuchen beabsichtigte, dann machte sich Herr G. über ihn lustig. Da alle jungen Männer, die in das Elternhaus kamen, um Nancy auszuführen, Fragen nach ihrer religiösen Einstellung und nach ihrer Erziehung über sich ergehen lassen mußten, ließ Nancy sie bald nicht mehr zu sich nach Haus kommen. Doch Herr G. schien außer seinem Interesse an den genannten besonderen Referenzen auffallend gleichgültig gegenüber der Frage zu sein, mit wem Nancy sich traf oder ob sie lange ausblieb, so als bestände zwischen ihm und Nancy ein geheimes Einverständnis, seine Frau in Sorge und Verbitterung zu versetzen.

Als Nancy ins College eintrat, entschloß sie sich, ihres Vaters Partei zu ergreifen. Sie wechselte zum Protestantismus über und behauptete, ihre Mutter habe ihren Vater hintergangen, als sie sie habe katholisch taufen lassen. Sie legte großen Wert auf einen College-Abschluß, da ihr Vater sie erst dann respektieren würde, wenn sie einen akademischen Grad erworben hätte, und da sie eines der anspruchsvollsten Frauen-Colleges des Landes besuchte, begann sie in ihren Leistungen nachzulassen, als sie von ihren zahlreichen emotionalen Problemen in Anspruch genommen wurde. Sie geriet in zunehmend stärkere Angst und befürchtete, sie könne während ihrer Abwesenheit von daheim den Vater an ihre Schwester verlieren, wie sie auch ihre Mutter an die Schwester verloren hatte. Sie wünschte sich, eine Interpretin zu werden, eine sinnvolle und wahrscheinlich notwendige Fertigkeit für jemanden, der in ihrer Familie aufwuchs. Nancy hielt ihren Vater für einen vollkommenen Mann, eine Einschätzung, die das Klinikpersonal erschauern ließ, denn er war ein verbitterter, zynischer und in seinen Äußerungen sadistischer Mensch, der fast jedem mit Mißtrauen begegnete und Nancy bewußt beibrachte, ihrer Mutter wie auch fast jedem außerhalb ihrer Familie zu mißtrauen. Auf ihres Vaters Liebe erpicht, versuchte sie ein völlig anderer Mensch als ihre Mutter zu werden. Es handelte sich bei ihr um Flucht vor Identifizierung, um eine negative Ausrichtung, die sie des Vorbilds beraubte, dem sie auf ihrem Weg ins Erwachsenenalter folgen konnte.

Ellen wurde ganz anders als ihre Schwester aufgezogen. Frau G. schränkte Ellen weder ein noch nörgelte sie derart an ihr herum, wie sie es bei Nancy getan hatte, als sie noch klein war. Sie löste bei den Eltern keinerlei schwerwiegende Konflikte aus. Und als sie älter wurde, erkannte sie, wie ihre Schwester in Schwierigkeiten geriet, und vermied es, ihre Fehler zu wiederholen. Es gelang ihr, sich die Stärken jedes Elternteils zunutze zu machen und beide Eltern auf diplomatische Weise zu besänftigen. Sie gewann ihr Vertrauen, indem sie sich bemühte, jene Art von Kind zu sein, das sich beide Eltern wünschten, und machte sich vor allem die Mutter zur Verbündeten, indem sie ihr zu verstehen gab, sie habe sich dem Katholizismus verschrieben, und indem sie regelmäßig zur Kirche ging, ein Umstand, den beide in geheimem Einverständnis vor Herrn G. verbargen. Als Katholikin war sie keinerlei Einschränkungen seitens ihrer Mutter ausgesetzt, doch selbst als ihr, sobald sie sechzehn Jahre alt war, Verabredungen mit Jungen gestattet wurden, stellte sie jedes Interesse an Männern in Abrede und konzentrierte sich auf ihr Studium. Für jedermann, mit Ausnahme des Vaters, lag es auf der Hand, daß die Familie aufgespalten war, wobei Frau G. und Ellen auf der einen, Herr G. und Nancy auf der anderen Seite standen; doch Ellen verstand es, ihre Loyalität gegenüber der Mutter so geschickt zu verschleiern, daß ihr Vater bei einem gemeinsamen Interview mit ihr so tat, als stände sie auf seiner Seite und teile seine Verachtung für ihre Mutter. Obwohl Ellen wußte, daß ihre Mutter Nancy schlecht behandelt hatte und in vielen Dingen unzulänglich war, gab sie sich hinsichtlich ihres Vaters keinerlei Illusionen hin.

Als Ellen aufs College ging, schloß sie sich einer katholischen Vereinigung an und begann sich mit Männern zu verabreden, allerdings nur katholischen. Sie erwählte die Stärke, denn der Katholizismus gab ihrer Mutter Stärke und Orientierung, wogegen dem Vater seine Religion nichts bedeutete. Sie wählte ein wissenschaftliches Studium, was wiederum den Vater mit Stolz erfüllte, und gewann so sein Interesse und seine Zustimmung. Da sie weitab von ihrer Heimatstadt an einem College studierte, von dem der Vater annahm, daß dort nur wenige Katholiken anzutreffen seien, konnte er schlechterdings nicht wissen, mit wem sie sich verabredete. Der Erfolg ihres diplomatischen Balanceaktes zeigte sich später bei der Wahl ihres Ehemannes. Er war Katholik, allerdings auch Industriechemiker. Die heftige Abneigung ihres Vaters gegen seinen religiösen Glauben wurde wettgemacht durch seine Erkenntnis, daß er einen Schwiegersohn haben würde, der seine beruflichen Interessen teilte.

Wenngleich Ellen ziemlich gut angepaßt war, tatsächlich sogar eine der zwei oder drei Bestangepaßten unter den sechsundzwanzig von uns sorgfältig untersuchten Geschwistern schizophrener Patienten, so hatte sie für ihre Stabilität dennoch einen Preis zu zahlen. Sowohl Interviews wie projektive Tests ließen erkennen, daß das hochintelligente Mädchen durch Phantasie- und Antriebsmangel in ihren Entfaltungsmöglichkeiten eingeengt war. Tatsächlich erklärte sie mir, sie halte kein Material über ihr Familienleben und über Nancys Schwierigkeiten zurück, sondern könne sich einfach nicht erinnern. Aufgrund der unerträglichen Familiensituation hatte sie sich bereits in der Kindheit dazu erzogen, niemals darüber nachzudenken, was während eines Tages geschehen war.

In der Familie G. war das Denken beider Eltern merklich gestört. Das Denken des Vaters, obgleich wohl organisiert, war durchsetzt von paranoidem Mißtrauen und Argwohn, wogegen die Mutter sowohl die Bedeutungen verwischte und sich in bruchstückhaften Äußerungen erging. Sinnlose, sich im Kreis bewegende Äußerungen wurden als sinnvolle Kommunikation ausgegeben. So erklärte sie zu einer TAT-Karte, die eine in Depression verfallene, auf dem Boden ausgestreckte Person zeigt: »Es sieht so aus, als sei sie wahrscheinlich unter der Last dessen, weswegen sie weint, zusammengebrochen.« Ihren Worten fehlte es an Energie und Interesse, so als hielte sie es für nutzlos, versuchen zu wollen, andere dazu zu bringen, sie zu verstehen, oder Einfluß auf den Lauf der Dinge zu nehmen. Bisweilen gab sie pseudo-gemeinsame Platitüden des Inhalts von sich, es werde sich schon alles zum Guten wenden, doch vorherrschende Themen ihrer Äußerungen waren ihre Aversion gegenüber Beziehungen zu Menschen und ihre Erwartung, daß alle derartigen Beziehungen für sie übel ausgehen würden.

In der Familie G. hatten die Eltern nicht eigentlich verschiedene Lebensweisen oder unterschiedliche Bedürfnisse, aus denen sich Streitigkeiten ergeben hätten, sondern sie waren vielmehr in einer als chronisch zu bezeichnenden wechselseitigen Feindseligkeit verfangen, die ihr Heim zu einer Stätte der Bitternis machte, zu einer Stätte, in der die Abwehr jedes Familienmitglieds sich verstärken mußte, damit der Schmerz nicht übermächtig wurde. Beide Eltern waren aufgrund ihrer Egozentrizität unfähig, den Standpunkt des anderen anzuerkennen und zu würdigen oder sich auch nur klarzumachen, daß andere Bedürfnisse haben, die sich von denen des eigenen Selbst unterscheiden. Herr G. brauchte narzißtische Gratifikation von einer ihn bewundernden Frau, und Frau G. brauchte Unterstützung, um die einzige Art von Leben führen zu können, auf die sie sich verstand. Frau G. wünschte sich zwar ein Kind, doch die ständige Kritik ihres Mannes und die Art und Weise, wie er sie als Frau und Mutter herabsetzte, verstärkten ihre Unsicherheit und ihre Unfähigkeit zur Empathie, zur Einfühlsamkeit, und das wiederum trieb sie zu einer rigiden, übermäßigen Kontrolle, die sich mit dem Älterwerden des Kindes bis zur unerträglichen Aufdringlichkeit steigerte. Statt von gegenseitigem Vertrauen war das Familienleben von Mißtrauen beherrscht. Der Familie fehlte nicht nur eine elterliche Koalition, sie war überdies beherrscht von einer bösartigen Rivalität um die Gunst der Kinder, von ständigen Versuchen beider Eltern, die Bemühungen des anderen Ehepartners um elterliche Verhaltensweisen und seinen oder ihren Wert als Mensch zu unterhöhlen. Die Schranken zwischen den Generationen waren brüchig, da der Vater Nancy dazu benutzte, emotionale Befriedigung und ein Gefühl eigenen Wertes zu erlangen. Keiner der beiden Elternteile vermochte seine geschlechtsgebundene Rolle adäquat auszufüllen. Herr G. versuchte seine Autorität sicherzustellen, doch er übernahm praktisch keinerlei instrumentale Führung, und Frau G. war nicht in der Lage, liebevolle Zärtlichkeit spüren zu lassen, sondern sie gab sich abweisend und uneinfühlsam und war nur wenig, wenn überhaupt imstande, die interpersonalen Reibungen innerhalb der Familie zu lindern. Obwohl beide Eltern Nancy umwarben, so taten sie es doch nicht ihretwegen, sondern um eine Verbündete bei den innerfamiliären Auseinandersetzungen zu gewinnen. Für Nancy bedeutete es, gehaßt und benutzt zu werden und leer auszugehen, wenn sie dem Beispiel ihrer Mutter folgte und Ehefrau und Mutter würde. Die Institution der Ehe, wie sie sie daheim erlebte, bot ihr kein Ziel, dem nachzueifern sie motiviert wäre. Ihre an dem Vater orientierte Vorstellung eines Liebesobjektes war die eines gestörten und Schaden stiftenden Mannes, und um ihn oder jemanden, der ihm ähnelte, zu gewinnen, suchte sie sich so weit wie möglich von ihrer Mutter abzugrenzen. Gemäß dem Familienmuster betrachtete sie ihre Schwester als verhaßte Rivalin, von der sie nicht nur keinerlei Unterstützung oder Gefälligkeit zu erlangen vermochte, sondern die in ihr überdies die Befürchtung weckte, von ihr verdrängt zu werden, eine Befürchtung, die mit zum Ausbruch ihrer Schizophrenie beitrug.

Die Kommunikationsstörungen in der Familie gingen über die schwerwiegenden Beeinträchtigungen der verbalen Kommunikation hinaus und erfaßten die nicht-verbale Kommunikation auf allen Ebenen, einschließlich der Rollenkonfusionen innerhalb der Familie.

Schismatische Familien bringen gelegentlich schizophrene Söhne hervor. In der Familie S. setzte eine extrem gefühlskalte und narzißtische Mutter mit Unterstützung ihrer beiden männerhassenden Schwestern ihren Ehemann ständig herab und lag fortwährend im Kampf mit ihm, einem passiven Mann, der eine Pseudo-Herrschaft über die Familie auszuüben suchte, sich jedoch gegen seine gefühllose Frau nicht behaupten konnte. Die Disharmonie des Ehepaares steigerte sich allerdings erst nach der Geburt des Patienten bis zum äußersten, als die Mutter zur Alkoholikerin wurde, nachdem sie sich von ihren Schwestern trennen mußte. Als der Patient sechs Jahre alt war, geriet die Familie aus dem Lot, wurde »schief«, nachdem die Mutter im Gefolge einer körperlichen Entstellung, die sie sich bei einem Unfall zugezogen hatte, in Depressionen verfallen war und sich zurückgezogen hatte. Daraufhin legte der Vater seine kämpferische Haltung ab und nahm gegenüber seinem Sohn eine mütterliche Rolle an – eine Beziehung, die mit dem Tod des Vaters zu Ende ging, noch ehe der Sohn die Adoleszenz erreicht hatte.

Die wesentlichen Merkmale des schismatischen Familienmusters

Die schismatische Familie ist durch einen fortwährenden offenen Konflikt zwischen den Ehepartnern gekennzeichnet, wobei jeder den Wert des anderen vor den Kindern zu verringern sucht und für gewöhnlich mit dem anderen in einem Wettstreit um die Gunst und die Loyalität der Kinder steht. Die Mutter besitzt nicht nur wenig Selbstvertrauen als Frau und ist als Mutter unsicher, sondern ihre Stellung und ihr Wert als Frau und Mutter werden durch die Verachtung des Mannes und seine abschätzige Einstellung ihr gegenüber ständig unterminiert. Obwohl die Mutter für gewöhnlich gegen ihren Mann ankämpft, kann sie sich gegen einen dominierenden Mann, der überdies offen paranoide Züge haben kann, nicht behaupten. In ihrer Männlichkeit auffallend unsicher, müssen diese Männer ihren Narzißmus durch ständige Bewunderung seitens anderer absichern. Viele heiraten passive Frauen, von denen sie glauben, sie würden auf ihre Wünsche folgsam eingehen, finden sich jedoch dann an Frauen gebunden, die auf Unterstützung seitens des Ehemannes angewiesen sind, um ihre Funktionen angemessen erfüllen zu können. Die nur unzulänglich organisierte Mutter vermittelt ein Gefühl von Sinnlosigkeit und Hoffnungslosigkeit gegenüber dem Leben und vermag ihrer Tochter keinerlei mütterliche Wärme zu geben. Weil sie ein Mädchen war, hat sie sich selbst als unerwünscht empfunden, und sie hat von ihrer eigenen Mutter, die sie mit der Zeit gehaßt hatte, wenig mütterliche Wärme empfangen, wenn überhaupt. Da sie vor sich selbst wenig Achtung als Frau hatte, war sie auch enttäuscht darüber, eine Tochter zu haben, und vermochte aus ihrer Gegenwart keinerlei Gratifikation oder eine Zunahme an Selbstvertrauen zu ziehen. Genau wie die Mütter männlicher schizophrener Patienten glaubt sie nicht daran, daß ihr Kind auf sich selbst achten kann, und versucht es in übermäßig beschützender Weise zu kontrollieren, doch, wie Alanen (1958) nachwies, hat dieser übermäßige Schutz einen negativen, wenn nicht schädlichen Einfluß. Wenn das Mädchen schließlich die Adoleszenz erreicht, beschäftigt sich die Mutter in aufdringlicher Weise mit dem moralischen Wohlergehen und dem Sexualverhalten ihrer Tochter. Wenngleich manche dieser Mütter nicht nur unfähig sind, Zärtlichkeit und Liebe zu geben, sondern das Kind sogar ablehnen, ist es weit häufiger der Fall, daß die Mutter sich ihrem Kind aufmerksam zuwendet und mütterlich zu sein versucht, doch nicht über die dazu notwendige Empathie verfügt. Wie Harlows Affen, die mit Hilfe von »mechanischen Drahtmüttern« aufgezogen worden waren (Harlow, 1958) und die später, als sie selbst Mütter wurden, ihre Babys ablehnten, so konnten diese Mütter, die auf mütterliche Zuwendung hatten verzichten müssen, ihre Babys nicht richtig bemuttern. Anders betrachtet, schien ihre Einstellung gegenüber ihren Töchtern eine Art Verlängerung oder Ausläufer ihrer Einstellung zu sich selbst zu sein. Eine Tochter vermochte ihr Selbstvertrauen und ihre Selbstachtung nicht zu stärken. In einigen Fällen wirkten sich die homosexuellen Tendenzen der Mutter störend auf das Mutter-Tochter-Verhältnis aus und hatten zur Folge, daß unangebrachte Nähe und verführerischer Körperkontakt in verwirrender

Weise mit abweisender Distanz und Verschlossenheit abwechselten (Lidz und Lidz, 1969).

Die Väter dieser Familien waren genauso, wenn nicht stärker gestört als die Mütter, selbst wenn sie außerhalb der Familie ziemlich gut zu funktionieren vermochten. Einige brachten ihren Kindern nicht nur bei, Außenstehenden zu mißtrauen, sondern auch ihren eigenen Müttern. In rigider und unrealistischer Weise erwartet der Vater von seiner Frau, daß sie sich seinen besonderen Ansichten von der Welt und vom Familienleben anschließt, und wenn seine Frau den unsinnigen Forderungen nicht genügen kann und sich zu Ausflüchten gezwungen sieht, dann verstärken sich sein Mißtrauen und seine Desillusion. Enttäuscht von seiner Frau, versucht er seine Tochter dahin zu bringen, die Dinge mit seinen Augen zu sehen und seine emotionalen Bedürfnisse zu erfüllen. Unter Umständen nähert er sich seiner Tochter in einer Weise, die ans Inzestuöse grenzt, indem er sie dazu benutzt, Bedürfnisse zu erfüllen, die seine Frau nicht befriedigt (Fleck, Lidz, Cornelison et al., 1959). Solche Männer sind höchst unbeständig und haben häufig tyrannische Launen; Kinder, die sie zufriedenstellen und ihre Liebe gewinnen möchten, geraten in Verwirrung. Bisweilen jedoch scheinen die Väter aufgrund der Unfähigkeit ihrer Frauen zur Fürsorge, oder weil sie das Gefühl haben, die Tochter müsse gegen die Abneigung der Mutter in Schutz genommen werden, in eine bemutternde und ein wenig verführerische Rolle gegenüber der Tochter gedrängt zu werden.

Da die Mutter-Tochter-Beziehung von Anfang an unzulänglich ist, wird die Identifizierung der Tochter mit ihrer Mutter beeinträchtigt, und wenn sie sich späterhin bemüht, die Liebe ihres Vaters zu erringen, statt dem Weg ins Frausein zu folgen, den ihre Mutter ihr weist, dann schlägt sie bei dem Versuch der Sonderung und Unterscheidung von ihrer Mutter eine negative Richtung ein. Damit wird der Entwicklungsprozeß erheblich verkompliziert. Wenn die Tochter zu Recht das Gefühl hat, sie sei für den Vater wichtiger als die Mutter, dann löst sich ihre ödipale Bindung nicht auf oder wird in der Adoleszenz nicht einmal angemessen verdrängt. In solchen entzweiten Familien sieht sich das Kind für gewöhnlich in einer Beziehungsfalle gefangen, denn wenn es versucht, dem einen Elternteil zu gefallen, so ruft es damit Zurückweisung und Ablehnung bei dem anderen Elternteil hervor. Es kann seine unversöhnlichen Eltern als unversöhnliche Introjekte internalisieren, ein Vorgang, der zu Aufspaltungen im Überich und im Ich führt. Bei seinem Bemühen, die Ehe der Eltern zu retten und sich beide Eltern zu erhalten, kann ein Kind die Rolle des Sündenbocks der Familie übernehmen (Vogel und Bell, 1960) und sich derart verhalten, daß es den Anschein hat, als sei es der Grund für den elterlichen Hader, und kann somit die Unverträglichkeit kaschieren, freilich um den Preis, daß es versäumt, seine eigenen Entwicklungsbedürfnisse einzubringen. Das Mädchen übernimmt eine unmöglich zu erfüllende Aufgabe, wenn es sich auf die Seite des Vaters schlägt und seine Bedürfnisse zu erfüllen trachtet, unmöglich deshalb, weil einerseits die ödipalen Bindungen zu inzestuösen Vorstellungen und Ängsten führen und weil andererseits das Mädchen, wenn es sich auf der Suche nach Wärme und Zuneigung von der reservierten Mutter abwendet, an einen Vater gerät, der trotz seines verführerischen Verhaltens im Grunde genommen Frauen geringschätzt und der, obgleich auf Bewunderung angewiesen, sich einer Frau nicht hingeben oder sie lieben kann.

In schismatischen Familien ist die Kommunikation offensichtlich häufiger und stärker verwirrend und verworren als in schiefen Familien. Die Kommunikationsstile mögen sich nicht unterscheiden, doch die Mutter neigt eher dazu, die Apathie und Hoffnungslosigkeit erkennen zu lassen, die sie angesichts der Möglichkeit verspürt, etwas Sinnvolles im Leben zu entdecken; und der Vater kann, wie gesagt, sein Mißtrauen und seinen Argwohn offener zur Schau stellen. Da die Wertvorstellungen und die Verhaltensanweisungen der Eltern nicht nur miteinander in Konflikt liegen, sondern auch von dem jeweiligen Ehepartner häufig unterlaufen und abgewertet werden, kann das Kind in seinen Anstrengungen, beiden Eltern zu gefallen, gelähmt werden und sich nicht in der Lage sehen, kohärente Bedeutungen und ein in sich stimmiges Ensemble von Wertvorstellungen zu entwickeln.

Obwohl ich die Erörterung des wichtigen Kommunikationsproblems bis zum nächsten Kapitel zurückstellen muß, liegt nach meiner Überzeugung schon jetzt auf der Hand, daß eine derartige Aufteilung des Tatsachenmaterials auf Willkür beruht und daß die in diesem Kapitel erörterten Aspekte der familiären Transaktionen – die Art der Pflege und Fürsorge, Familienstruktur, Rollenübernahmen und -zuweisungen innerhalb der Familie usw. – die innerfamiliäre Kommunikation tiefgehend beeinflussen.

Synthese der Merkmale der schiefen und der schismatischen Familien

Bei der Betrachtung der Transaktionen der schiefen wie der schismatischen Familien fallen uns bestimmte wichtige Ähnlichkeiten auf. Die Mutter stört die auf Initiative und Autonomie zielende Entwicklung des Kindes, indem sie sich übermäßig schützend und kontrollierend verhält, es hingegen verabsäumt, zwischen ihrem eigenen Selbst und dem Kind geeignete Schranken aufzurichten: Im schiefen Familienmuster erhält sich aufgrund der Überbesorgtheit und des Bedürfnisses nach Vervollständigung durch das Kind die symbiotische Verbindung des Kindes zur Mutter; in der schismatischen Familie vereitelt die aufdringliche, allerdings feindselige, übermäßig beschützende Haltung der Mutter beim Kinde die Entfaltung eines Urvertrauens in die Welt und eines Vertrauens in seine eigenen Fähigkeiten. Das Kind sieht sich dem Bedürfnis verhaftet, das Leben des gegengeschlechtlichen Elternteils zu vervollständigen oder die Kluft zwischen den Eltern zu überbrücken, anstatt seine Energien und seine Aufmerksamkeit auf seine oder ihre eigene Entwicklung zu verwenden. Wenn wir das Geschlecht des Kindes berücksichtigen, dann sind einige Aspekte dieser Grundmuster lediglich Spiegelbilder, die sich um die geschlechtliche Kehrseite der ödipalen Konfiguration drehen. Das schizophren werdende Kind hat eine dürftige Beziehung zu dem abweisenden und häufig rivalisierenden Elternteil des gleichen Geschlechts, der ein unzulängliches Modell für die Identifizierung des Kindes bereitstellt. Es sucht daraufhin, sich von diesem Elternteil zu unterscheiden, um bei dem Elternteil des anderen Geschlechts Anerkennung und Liebe zu gewinnen, eines Elternteils, der dazu neigt, sich vereinnahmend und verführerisch zu verhalten, und der das Kind dazu benutzt, Vervollständigung oder narzißtische Bewunderung und Gratifikation zu erlangen. Das Bild des Patienten vom Elternteil des gleichen Geschlechts wird des weiteren durch die Konflikte und Unzulänglichkeiten dieses Elternteils hinsichtlich der sexuellen Identität und der elterlichen Funktionen, aber auch infolge der Verunglimpfung dieses Elternteils durch den anderen Ehepartner getrübt.

Die Entwicklungsaufgaben des Jungen und des Mädchens sind jedoch keine Spiegelbilder. Bei einem hypothetischen normalen Entwicklungsverlauf kann das Mädchen einen großen Teil der primären Identifizierung mit der Mutter beibehalten und ein seinem Vater ähnliches Liebesobjekt zu gewinnen suchen, indem es zu einer Frau wie seine Mutter heranwächst. Im Gegensatz dazu muß der Junge seine primäre Identifizierung mit der Mutter aufgeben und ein Mann wie sein Vater werden, ein Mann, der eine Frau wie seine Mutter zu gewinnen vermag – und im Verlauf dieses Prozesses die Fähigkeit erwirbt, für eine Frau zu sorgen, statt weiterhin von ihr abhängig zu sein. Mithin darf man annehmen, daß die Entwicklung eines Jungen stärker beeinträchtigt wird als die eines Mädchens, wenn er eine Mutter hat, die es nicht versteht, zwischen sich und ihrem Kind Grenzen aufzurichten, denn eine Tochter braucht die anfängliche Mutter-Kind-Symbiose nicht so vollständig aufzugeben wie ein Junge. Des weiteren wird ein Vater, dem es nicht gelingt, eine männlich intrumentale Rolle auszufüllen, wie es in symbiotischen Familien vorkommt, einen verheerenderen Einfluß auf einen Sohn als auf eine Tochter haben, denn der Sohn muß notgedrungen eine männliche Rolle übernehmen. Umgekehrt wird sich eine abweisende und gefühlskalte Mutter wahrscheinlich nachteiliger auf ein Mädchen als auf einen Jungen auswirken, denn das empathische Erfülltsein von mütterlichen Gefühlen und die Aneignung weiblicher gemüthaft-expressiver Eigenschaften sind für die Entwicklung des Mädchens von weitaus ernsterer und entscheidenderer Bedeutung. Ein Vater, der die Mutter beherrscht, sie herabsetzt und dazu neigt, allen Frauen gegenüber eine feindselige Haltung an den Tag zu legen, wie es in vielen schismatischen Familien der Fall ist, wird einem Mädchen größeren Schaden zufügen als einem Jungen. Solche Faktoren tragen nicht nur zur Erklärung einiger der in der Literatur anzutreffenden widersprüchlichen Beschreibungen von Eltern schizophrener Patienten bei, sie liefern auch die Erklärung dafür, warum einige Familien auf Kinder des einen Geschlechts pathogener wirken als auf Kinder des anderen Geschlechts.

Neuformulierung mit Schwerpunkt auf der
elterlichen Egozentrizität

Ich möchte nun das Dilemma des Patienten mit ein wenig unterschiedlichen Begriffen neu formulieren. In all den genannten Familien wird das Heranwachsen des Patienten zu einem Individuum dadurch verhindert, daß er sich einem Elternteil und dessen Wunsch nach Lebenserfüllung unterordnet oder die Ehe seiner Eltern zu retten trachtet. Für gewöhnlich braucht die Mutter das Kind zur eigenen Erfüllung und Vervollständigung, behandelt es freilich noch weit egozentrischer, denn außerstande, ihr Kind als eine von ihr getrennte Einheit anzusehen, betrachtet sie es ausschließlich unter dem Blickwinkel ihres eigenen Lebens. Sie richtet zwischen sich und ihrem Kind keine Schranken auf und vermag nicht zwischen ihren eigenen Gefühlen und Bedürfnissen und denen ihres Kindes zu unterscheiden. »Mutter ist ein Parasit«, erklärte mir neulich ein jugendlicher Patient, »sie lebt nur durch mich als Ausläufer von ihr.« Energie und Aufmerksamkeit des Kindes hingegen werden in erster Linie darauf verwandt, dem Leben der Mutter einen Sinn zu geben, ihr gefährdetes Gleichgewicht abzusichern und ihr die narzißtischen Zufuhren zu verschaffen, die sie braucht, statt sie in den Dienst der eigenen Entwicklung zu stellen, wobei das Kind nicht in der Lage ist, zwischen den in ihm auftauchenden Bedürfnissen und Gefühlen und denen seiner Mutter deutlich zu unterscheiden. Sofern der Vater starke homosexuelle Tendenzen zeigt, kann er eher als die Mutter die Ursache solcher Schwierigkeiten sein, vor allem bei Töchtern, aber auch bei Söhnen. Die Situation stellt sich ein wenig anders dar, wenn die Ehe der Eltern ausgesprochen schismatisch ist. In solchen Fällen haben beide Eltern egozentrische Tendenzen und liegen in fortwährendem Konflikt miteinander, weil beide ihren Ehepartner und die Kinder nur gemäß ihren eigenen Bedürfnissen und eigenen Wahrnehmungs- und Erfahrungsmöglichkeiten behandeln. Das Kind kann in diesen Konflikt eingespannt sein, indem es danach trachtet, die Kluft zwischen den Eltern zu überbrücken, indem es vielleicht sogar als Sündenbock dient, dem die Eltern die Last ihrer Schwierigkeiten aufbürden können, und auf diese Weise die basale Unverträglichkeit der Eltern kaschiert. Das Ergebnis ist insofern ganz ähnlich, als das Kind daran gehindert wird, sich zu einer eigenständigen Person zu entwickeln, und sein Leben aufgeopfert wird, um einen oder beide Elternteile zu retten. Nun ist der jeweilige Elternteil zwar in seinen Möglichkeiten eingeengt und ist instabil, doch er oder sie hat wenigstens eine egozentrische Orientierung und ist bestrebt, seine Integrität und Stabilität selbst auf Kosten anderer zu bewahren. Der Patient dagegen ist in einer weit weniger glücklichen Lage, denn seine Orientierung ist eher elternzentriert als egozentrisch, er betrachtet die Welt in Übereinstimmung mit den Gefühlen, Bedürfnissen und Abwehrmechanismen seiner Eltern und führt sein Leben mit dem Ziel, das Leben anderer Personen, von denen er sich nicht richtig differenziert hat, zu beschützen und zu vervollständigen. Zum Glück ist diese Feststellung überzogen, denn die meisten Patienten, die in der Adoleszenz oder im Erwachsenenalter schizophren werden, sind durchaus imstande gewesen zu versuchen, sich von anderen zu differenzieren und ihr eigenes Leben zu führen; doch aufgrund ihrer unzulänglichen Vorbereitung auf Beziehungen zu anderen außerhalb der Familie und aufgrund der verschiedenen Hindernisse auf ihrem Wege zu einer integrierten Persönlichkeit vermögen sie die kritischen Entwicklungsaufgaben der Adoleszenz nicht zu meistern, Aufgaben, die bewältigt werden müssen, damit der Heranwachsende sich zu einem einigermaßen unabhängigen, eigenständigen Erwachsenen entwickeln kann. Unfähig zum Fortschritt und ohne Hoffnung, jemals autonom zu werden, sind sie auch daran gehindert, erfolgreich zu regredieren. Regression kann dann effektiv sein, wenn sie erneute Abhängigkeit erlaubt, doch bei diesen Jugendlichen würde sie zur Abhängigkeit von einem verschlingenden Elternteil führen, zu einem Elternteil, der Mordimpulse weckt oder inzestuöse Ängste auslöst.

Zusammenfassung

In diesem Kapitel habe ich mich bemüht, aufzuzeigen, wie das Familiensetting, in dem schizophrene Patienten aufwachsen, ihre Entwicklung zu einigermaßen autonomen und integrierten Erwachsenen behindert, verzerrt und unterbricht. Die biologische Ausrüstung des Menschen verlangt, daß er in einer Familie oder in einem sorgfältig ausgesuchten Familienersatz aufwächst, nicht nur zu seinem Schutz und zu seiner Versorgung während der langen Jahre seiner Unreife, sondern um zu einem integrierten Individuum herangebildet zu werden, das über die für das Überleben und für die Anpassung notwendigen Techniken, Kenntnisse und Rollen verfügt. Soll ein Kleinkind – selbst ein genetisch wohlausgestattetes – sich zu einem hinlänglich wohlintegrierten Menschen entwickeln, dann bedarf er oder sie positiver Anleitung und Führung im Rahmen einer geeigneten interpersonalen Umwelt und eines entsprechenden Sozialsystems. Ausmaß und Komplexität der erforderlichen positiven Bildungskräfte sind bislang weitgehend vernachlässigt worden, da sie den Institutionen und Sitten aller Gesellschaften sowie der ubiquitären Familie eingegeben sind, der Familie, der überall implizit die Aufgabe gestellt ist, die Persönlichkeit zu strukturieren und die basale Sozialisation und Enkulturation des Kindes durchzuführen sowie es zu versorgen und zu pflegen. Den Familien schizophrener Patienten mißlingt es in globaler Weise, diese für die angemessene Persönlichkeitsentwicklung ihrer Kinder erforderlichen Aufgaben zu erfüllen.

Von den fehlerhaften, beeinträchtigenden Familiensettings habe ich zwei Typen, den schiefen und den schismatischen, beschrieben, die in spezifischerer Weise schizophrenen Nachwuchs hervorbringen, habe dann die gemeinsamen Merkmale wie auch die Unterschiede der beiden Typen erwähnt und bin schließlich der Frage nachgegangen, warum beide Typen für die Persönlichkeitsentwicklung eines Kindes so abträglich sind. Wahrscheinlich lassen sich die meisten Unzulänglichkeiten dieser Familien und vor allem die beschriebenen Störeinflüsse auf die tiefgehende Egozentrizität und die narzißtischen Bedürfnisse eines oder beider Elternteile zurückführen. In der schiefen Familie versäumt es ein Elternteil, gegen dessen Egozentrizität der Ehepartner sich nicht zur Wehr setzt, Schranken zwischen dem eigenen Selbst und dem Kind aufzurichten, er benutzt das Kind, um sein oder ihr Leben zu vervollständigen, und, obwohl für die Bedürfnisse und Gefühle des Kindes als eines gesonderten Individuums unzugänglich, mischt er sich auch weiterhin auf extreme Weise in das Leben des älter werdenden Kindes ein. In der schismatischen Familie ergeben sich aus der Egozentrizität beider Eltern ständige Konflikte, und das Kind wird nicht nur dazu mißbraucht, das Leben eines Elternteils zu vervollständigen und die Ehe zu retten, überdies gerät seine psychische Struktur aufgrund der Internalisierung zweier unversöhnlicher Elternintrojekte aus den Fugen.

Da das später schizophren werdende Kind auf das Leben innerhalb der Familie nur unzulänglich vorbereitet ist und an die Probleme der älteren Generation gefesselt bleibt, verfügt es bei Eintritt in die Adoleszenz nicht über die Fähigkeit, die von ihm erwarteten Entwicklungsaufgaben zu meistern, das heißt, seine Unabhängigkeit von den Eltern zu erlangen, eine Ich-Identität aufzurichten, die Fähigkeit zur Intimität zu entwickeln und für sein zukünftiges Leben einen eigenen Weg zu finden.

Im nächsten Kapitel werde ich mich mit der Frage beschäftigen, wie der Patient einen Ausweg aus seinem Dilemma sucht, indem er zu früheren und primitiveren Formen der Kognition zurückkehrt, während die emotionale Regression seinen inneren Aufruhr verschärft, und werde des weiteren zu klären suchen, in welcher Beziehung die das schizophrene Denken charakterisierende egozentrische Überinklusivität zur Egozentrizität der Eltern steht.

2. Die schizophrenen Denkstörungen

Alle Psychosen sind mit erheblichen Ausfällen der Ich-Funktionen verbunden; das heißt mit einem Verlust der Fähigkeit, das Selbst auf die Zukunft hin auszurichten. Für das Versagen können Hirnschädigungen oder -dysfunktionen mit daraus sich ergebenden Störungen der Wahrnehmung, der Erinnerung oder der Kognition oder auch schwere affektive Störungen verantwortlich sein, Störungen, die das Denken und die Motivation entsprechend der jeweiligen Stimmung einfärben und verzerren. Bei schizophrenen Psychosen sind die Ich-Funktionen aufgrund von Denkstörungen beeinträchtigt, ohne daß damit eine Verminderung des intellektuellen Potentials einherginge, wie das bei Psychosen der Fall ist, die sich auf Schädigungen oder Dysfunktionen des Zerebralapparats zurückführen lassen. Schizophrene Reaktionen sind eine Art Rückzug aus sozialer Interaktion; und die Denkstörungen sind das spezifisch schizophrene Rückzugsmittel. Jedem Menschen sind durch die Bedeutungen und die Logik seiner Kultur Begrenzungen auferlegt, ohne die jedoch keine Beziehungen über die infantile Abhängigkeit hinaus und keine kooperative Interaktion mit anderen möglich wären. Der schizophrene Patient entzieht sich unversöhnlichen Dilemmas und unerträglicher Hoffnungslosigkeit, indem er diese Begrenzungen durchbricht, um sich mit Hilfe seiner idiosynkratischen Bedeutungen und Denkweisen einen eigenen Lebensraum zu sichern, wobei er freilich seine Ich-Funktionen und seine Fähigkeit zur Zusammenarbeit mit anderen schmälert.[1]

Eugen Bleuler erkannte, daß fast alle anderen Äußerungen des Zustands oder der Zustände, die er als Schizophrenie bezeichnete, sich folgerichtig aus den von ihm als Assoziationsentgleisung beschriebenen Denkstörungen ergeben können, bei denen es sich seiner Meinung nach allerdings um Manifestationen eines unbekannten, die Gehirnfunktionen beein-

---

[1] Wenn wir uns an den Bezugsrahmen von Piaget halten, dann können wir sagen, die adaptiven Fähigkeiten des Patienten sind beeinträchtigt und befinden sich in einem schwerwiegenden Ungleichgewicht, weil der Patient das, was er erfährt, seinen emotionalen Bedürfnisse assimiliert und nicht in der Lage ist, sich der unhaltbaren Realität oder dem Bedeutungs- und Logiksystem der Gesellschaft anzugleichen. Es ist nützlich, sich in Erinnerung zu rufen, daß das Gleichgewicht zwischen Assimilation und Anpassung während der Kindheit aufgrund der Egozentrizität des Kindes auf verschiedene Weise gestört wird – aufgrund des Glaubens an die Allmacht der Gedanken, die Animismus und verschiedene Formen magischen Denkens im Gefolge hat.

trächtigenden Prozesses handelt. Verschiedene andere Forscher verstanden die Denkstörungen im Sinne eines Defizits bei der Bildung von Kategorien, da die Kategorienbildung als eine Art Filter für unwesentliche Assoziationen diene, eine Frage, der wir noch nachgehen werden. Die Kennzeichnung schizophrenen Denkens als »überinklusiv« erweist sich als höchst nützlich für die Beschreibung dessen, was beim Ausfall des Kategorisierens vor sich geht. Mit diesen beschreibenden Wendungen wird im Grunde genommen dasselbe Phänomen nur unterschiedlich benannt.

Egozentrische Überinklusivität

Die genannten Begriffe oder Konzepte über das Wesen der schizophrenen Denkstörung öffnen nun freilich nicht unmittelbar das Tor zum Verständnis der wahnhaften und magischen Aspekte schizophrener Störungen, wenngleich sie zur Klärung der formalen Merkmale schizophrenen Denkens beitragen. Es ist übersehen worden, daß die Überinklusivität in erster Linie egozentrisch[2] ist, um einen Begriff von Piaget zu verwenden, und daß der Patient, dem es nicht gelungen ist, die Egozentrizität der Adoleszenz zu überwinden, kognitiv wie auch emotional zu früheren Phasen der kognitiven Entwicklung regrediert und erneut auf die »Allmacht der Gedanken« vertraut, ein Vorgang, der, wie wir sehen werden, magisches Denken wiederbelebt und in das Unvermögen mündet, Worte von dem zu unterscheiden, was sie bezeichnen, mehr noch, zwischen dem Selbst und den Objekten sowie zwischen dem, was aus dem eigenen Selbst, und dem, was von außerhalb des Selbst stammt, zu unterscheiden.

Wenngleich bei den verschiedenen formalen Tests, die bei der Erforschung schizophrenen Denkens eingesetzt werden, nicht ohne weiteres erkennbar, glaubt der Patient für gewöhnlich, so in Fällen von Beziehungs- und Verfolgungswahn, daß er im Mittelpunkt all dessen stehe, was andere sagen und tun, selbst wenn sie ihm völlig fremd sind; oder er glaubt, seine Gedanken könnten andere beeinflussen oder sogar auf die unbelebte Welt eine magische Wirkung ausüben. Der schizophrene Patient unterliegt, kurz gesagt, dem Glauben, er bilde den Mittelpunkt von Ereignissen, die mit seinem Leben lediglich durch Zufall örtlicher oder zeitlicher Art verknüpft sind.

[2] Mit *egozentrisch* ist hier ein Merkmal kognitiver Aktivität gemeint, im Gegensatz zu *narzißtisch*, das sich auf die libidinöse oder emotionale Entwicklung bezieht.

Der paranoide Patient, auf der einen Seite, glaubt zu bemerken, daß eine Person oder eine Personengruppe darauf hinarbeitet, ihm Schwierigkeiten in den Weg zu legen oder ihn zu schädigen, und auf der anderen Seite verharrt der katatone Patient in Bewegungslosigkeit, weil er sich für den Angelpunkt des Universums hält oder weil er glaubt, jede Bewegung, die er vollführt, könne für die Welt verheerende Folgen nach sich ziehen. Es läßt sich in der Tat nachweisen, daß der Patient manifest psychotisch wird, wenn er beginnt, seine Welt in dieser egozentrischen Weise zu ordnen, und daß er in eine Periode der Besserung eintritt, wenn die egozentrische Überinklusivität nachläßt. Der Schizophrene ist auch im weiteren Sinne egozentrisch, als er die Realität gemäß seinen eigenen Bedürfnissen und Ansichten verzerrt, wie auch in seiner Regression zu präoperationalem Denken und zu dem Glauben an die Allmacht der Gedanken. Die Kategorienbildung und das begriffliche Denken müssen eingeschränkt und mangelhaft sein, wenn das Selbst in alle gedanklichen Bereiche einzudringen sucht.

Nun ist, wie ich im vorigen Kapitel angedeutet habe, eines der grundlegenden Merkmale der Eltern schizophrener Patienten, daß ein oder beide Elternteile zutiefst egozentrisch und in gewisser Hinsicht narzißtisch sind.[3] Eines der vorrangigen Probleme, mit denen wir uns beschäftigen müssen, ist die Beziehung zwischen der egozentrischen Überinklusivität der Kogni-

[3] Wegen seiner divergierenden und sogar paradoxen Verwendung in der psychiatrischen Literatur verwende ich das Adjektiv »narzißtisch« nur widerwillig. Freud bezeichnete mit »Narzißmus« einen Zustand, bei dem die Libido vollständig zur Besetzung des Ichs verwandt wird; »primärer« Narzißmus ist der Zustand des Kleinkindes, während »sekundärer« Narzißmus auf den Abzug von Objektbesetzungen zurückgeht. »Narzißtische Liebe« meint eine Liebe, bei der sich ein Mensch mit dem Selbst oder mit dem auf andere projizierten Selbst identifiziert. Ein narzißtischer Charakter ist angeblich so selbstgenügsam (und selbstzufrieden), daß er nicht mehr verletzbar ist. Als »narzißtisch« wird für gewöhnlich jedoch ein Mensch bezeichnet, der zur Absicherung seines Selbstvertrauens ständig Liebe, Bewunderung und Schmeichelei braucht und sucht, um Depressions- und Leeregefühle abzuwehren. In diesem letztgenannten Sinne sind viele Eltern schizophrener Patienten narzißtisch. Eine Mutter fühlt sich wertlos ohne einen Sohn, der das Leben führt, welches ihr verschlossen ist, weil sie eine Frau ist; oder eine Mutter verlangt von ihren Kindern, sie als vollkommen anzusehen, und wendet sich von einem Kind ab, das dieser Forderung nicht nachkommt; ein Vater ist nicht funktionsfähig ohne die Bewunderung einer Frau oder einer Tochter usw. In schwer zu beschreibender Weise kann die Familie in erster Linie dazu benutzt werden, einem Elternteil die Vervollständigung zu verschaffen, die er braucht, um funktionstüchtig sein zu können, und ihm oder ihr dazu zu verhelfen, von den Bedürfnissen nach irgend jemandem außerhalb der Familie emotional frei zu sein. Die »rubber fence«-Hypothese von Wynne et al. (1958) mag sich auf solche »narzißtischen« Bedürfnisse eines Elternteils beziehen.

tion des schizophrenen Patienten und der Egozentrizität seiner Eltern. Zunächst jedoch müssen wir den Boden für weitere Überlegungen vorbereiten und der Frage nachgehen, wie es um die Beziehung zwischen Sprache, Ich-Funktionen und schizophrenen Störungen sowie um die Beziehung zwischen dem gestörten Familiensetting, in dem der Schizophrene aufgewachsen ist, und seinem in Unordnung geratenen Sprechen und Denken bestellt ist.

Sprache und menschliche Anpassung

Für das Verständnis der Schizophrenie ist es von entscheidender Bedeutung, sich über die Wichtigkeit der Sprache für menschliches Verhalten klarzuwerden. Die Sprache ist eine allein dem Menschen verfügbare Anpassungstechnik, mit deren Hilfe er das Erlernte an die nachfolgenden Generationen weitergibt und die es ihm nach und nach ermöglichte, die seine Kultur bildenden institutionalisierten Anpassungstechniken herauszuarbeiten, Techniken, die sich jedes Kind aneignen muß, um eine Person zu werden. Das Kind ist auf Sprache angewiesen, um diese Anpassungstechniken zu entdecken oder zu erfinden, um sie anderen weiterzugeben und sie von anderen zu übernehmen.

Ein Mensch braucht die Sprache auch, um sich neuen Situationen anpassen zu können. Wenn er sein Leben auf die Zukunft hin ausrichten will, muß er sich die verbalen Werkzeuge aneignen, die es ihm gestatten, ein inneres, symbolisches Abbild seiner Welt anzufertigen, ein Weltbild, das er in der Phantasie manipulieren kann, ehe er sich auf unwiderrufliche Handlungen einläßt. Das Denken verwendet natürlich auch visuelle Phantasiebilder und visuelle Symbole wie desgleichen andere sensorische Modalitäten, doch die Worte sind gleichsam Angelpunkte, die ein selektives Abrufen erlauben und eine Person in den Stand versetzen, eine Zukunft vor sich zu projizieren, auf die sie zustreben kann. Orientierung an zukünftigen Zielen befreit den Menschen von primärer Motivierung durch Triebimpulse und einem in erster Linie durch Konditionierung bewirkten Lernen. Ohne die Fähigkeit, eine Zukunft begrifflich zu fassen, vermöchte der Mensch sich nicht auf sie hin auszurichten, und ohne diese Fähigkeit gäbe es keine ausgebildeten Ich-Funktionen. Wenn das Bedeutungssystem und der Gebrauch syntaktischer Mittel eines Menschen in Unordnung geraten, dann werden seine Ich-Funktionen schwerwiegend beeinträchtigt.

Abwegige Denkweisen müssen nicht unbedingt Dysfunktionen des Gehirns anzeigen. Sie können Folge der abartigen Methoden sein, mit denen einem Kind Bedeutungen und Denken beigebracht worden sind, oder der Art und Weise, wie es gezwungen worden ist, sein Verstehen und Denken zu verzerren, um eine Scheinlösung unversöhnlicher Forderungen oder unlösbarer Konflikte zu erreichen. Ich glaube, daß das richtige Verständnis der sprachlichen und kognitiven Entwicklung die Hypothese zuläßt, die meine Kollegen und ich in der Arbeit »The Transmission of Irrationality« (Lidz, Cornelison et al., 1958) veröffentlicht haben. Sie besagt, daß einige Individuen, denen es nicht gelungen ist, eine funktionstüchtige Persönlichkeitsintegration zu erreichen oder aufrechtzuerhalten, für den Fall, daß nachfolgende Konflikte unerträglich werden, sich aus dem Sozialleben in eine internalisierte Welt zurückziehen sowie Entlastung und Lebensraum gewinnen, indem sie die vom Bedeutungs- und Logiksystem der Kultur gesetzten Begrenzungen durchbrechen. Der Zustand tendiert dazu, sich selbst zu erhalten, weil der Patient aufhört, die Gültigkeit seines Denkens zu prüfen und sich zu fragen, ob es ihm dabei hilft, seine Umwelt zu meistern, oder ob es die Zusammenarbeit mit anderen fördert.

Kognitive Entwicklung

Die Sprach- und Denkfähigkeit entfaltet sich allmählich in der Zeit zwischen früher Kindheit und später Adoleszenz und in Übereinstimmung mit anderen Aspekten der Persönlichkeitsentwicklung. Wenngleich die Wechselbeziehung zwischen kognitiver und emotionaler Entwicklung noch nicht vollständig durchschaut ist, werden einige Gesichtspunkte dieser Beziehung immer augenfälliger (Lidz, 1968a).[4] Kognitive Fähigkeiten entwickeln sich nicht nur, sie können auch regredieren. Tatsächlich kommen einige Formen kognitiver Fixierung oder Regression so häufig vor, daß sie kaum auffallen und keineswegs als abnorm gelten. Ein zu hoch abstraktem oder begrifflichem Denken fähiger Wissenschaftler willigt nur dann in ein Pokerspiel mit Freunden ein, wenn er einen Hasenfuß als Talisman in seiner Jackentasche weiß, oder er trinkt nur eine bestimmte Sorte Bier, während er am Fernsehen ein Baseballspiel verfolgt, damit seine Mannschaft nicht verliert. Nach

---

[4] Siehe auch S. Ferenczi (1913), »Entwicklungsstufen des Wirklichkeitssinnes«, in: Sándor Ferenczi, Schriften zur Psychoanalyse, 2 Bde., S. Fischer, Frankfurt am Main 1972; ferner S. Freud (1913), Totem und Tabu, Teil III, »Animismus, Magie und Allmacht der Gedanken«, Gesammelte Werke, Bd. IX, S. Fischer, Frankfurt am Main 1973³, S. 93–121.

Piaget durchläuft die kognitive Entwicklung des Kindes eine *sensomotorische* Periode, ein *präoperationales* Stadium und ein Stadium *konkreter Operationen*, ehe das Kind die Fähigkeit zu *formalen Operationen* (mit anderen Worten zu *begrifflichem Denken*) erlangt, eine Fähigkeit, die sich während der Adoleszenz entwickelt und festigt. Ich kann an dieser Stelle nicht auf die höchst komplizierte Entwicklung des Sprechens und Denkens eingehen, doch es erscheint mir wichtig, sich klarzumachen, daß während. des präoperationalen Stadiums, das etwa von der Zeit, da das Kind beginnt, sich der Sprache zu bedienen (und nicht nur einfach Worte von sich zu geben), bis zu seinem sechsten oder siebten Lebensjahr dauert, die Art und Weise, in der das Kind versucht, seine Welt zu verstehen und zu kontrollieren, weitgehend auf »Animismus«, »Artifizialismus«, »Partizipation«[5] und verschiedenen magischen Vorstellungen beruht, alles Denkweisen, die auch bei schizophrenen Patienten üblich sind. Was beim Kind völlig normal ist und einen notwendigen Entwicklungsschritt darstellt, ist beim Erwachsenen höchst unpassend, auch wenn das Vorhandensein solch präoperationaler Denkweisen die Anziehungskraft von Trickfilmen und von Science-fiction ausmacht. Es läßt sich nicht mit Bestimmtheit sagen, in welchem Maße die kognitive Entwicklung von der Ausbildung des Zentralnervensystems abhängt und in welchem Maße von der sich ausweitenden Erfahrung, der Sozialisation und der Unterweisung, die das Kind erhält; doch die Erfahrung ist offensichtlich sehr wichtig. Erfahrung ist vor allem notwendig zur Überwindung der Egozentrizität, die in jedem Stadium der kognitiven Entwicklung in neuer Form wiederauftaucht und die erst allmählich bezwungen wird, in dem Maße, wie das Kind aufhört, nur um sich selbst zu kreisen, sobald es mit wachsender Sozialisation neue Perspektiven gewinnt. Für Piaget ist Egozentrismus »einerseits Vorrang der Selbstzufriedenheit vor objektiver Erkenntnis ... und andererseits Realitätsverzerrung zur Befriedigung der Aktivität und der Ansicht des Individuums. In beiden Fällen ist er unbewußt und im wesentlichen Folge des Mißlingens, zwischen dem Subjektiven und dem Objektiven zu unterscheiden« (Piaget, 1962, S. 285).

---

[5] Von »Animismus« spricht man, wenn jemand eine große Zahl von unbelebten Objekten als lebendig und mit Bewußtsein ausgestattet ansieht (Piaget, 1929, S. 169). »Artifizialismus« nennt man, wenn jemand Dinge als Produkt menschlicher Schöpfung betrachtet, statt den Dingen selbst kreative Aktivität zuzuschreiben (Piaget, 1929, S. 253). »Partizipation«, grundlegend für ritualistisches Verhalten, meint den Glauben des Kindes, daß das, was es tut, die unbelebte Natur wie auch das Verhalten anderer beeinflußt (Piaget, 1929, S. 123–168).

Um die grundlegende Bedeutung der Sprache für das Denken und des Denkens für die Ich-Funktionen sowie die Bedeutung der Fähigkeit zur Grenzziehung zwischen dem Selbst und den Objekten für die kognitive Entwicklung verstehen zu können, müssen wir uns die kritische Funktion der Kategorienbildung näher anschauen. Zunächst muß uns klar sein, daß die Erfahrung einer Person sich in einem unaufhörlichen Fluß befindet. Um Erfahrungen wahrnehmen, verstehen, über sie nachdenken und sprechen zu können, müssen sie in Kategorien unterteilt werden. Erfahrung ist kontinuierlich, die Kategorien sind voneinander getrennt. Es gibt zahllose Möglichkeiten, Erfahrung in Kategorien zu unterteilen. Jede Kultur kategorisiert Erfahrung für gewöhnlich ein wenig anders als andere Kulturen; manche Kulturen kategorisieren sogar extrem unterschiedlich.[6] Das Kind kann nicht alles von vorn lernen, wozu es Jahrtausende bedurfte, doch es muß sich das System seiner Kultur aneignen, um kohärent denken und kommunizieren zu können. Das Vokabular einer Sprache ist im wesentlichen ein Katalog der Kategorien, in welche die Kultur ihre Welt und ihre Erfahrungen unterteilt. Wenn das Kind die Sprache erlernt, dann macht es sich auch die Kategorien zu eigen, die von den Menschen, mit denen es zusammenlebt, verwandt werden, doch es lernt nicht notwendigerweise, wie man in Kategorien, kategorisch denkt, das heißt fähig zu sein, neue Kategorien oder Begriffe zu bilden. Nun, Kategorien werden gebildet, indem man gemeinsame Merkmale von Dingen oder Ereignissen auswählt, um Erfahrungen, die niemals identisch sein können, ein gewisses Maß an Gleichwertigkeit zu verleihen. Auf Stühle kann man sich setzen, Bälle rollen fort usw. Jedes Ding oder Ereignis kann entsprechend den jeweils herangezogenen Merkmalen nach einer Vielzahl von Möglichkeiten klassifiziert werden; das heißt, ein Baseball kann mit Objekten, die »rund«, »weiß« oder »lederbedeckt«, die »genäht« sind oder die zur »Sportausrüstung« gehören, zu einer Gruppe zusammengefaßt werden. Ein Intelligenzfaktor bestimmt sich der Fähigkeit, dieselbe Erfahrung auf vielerlei Art und Weise zu klassifizieren – ihre Beziehung zu einer Vielfalt anderer Ereignisse zu erfassen. Solche Fähigkeiten hängen in entscheidendem Maße davon ab, ob die Worte verfügbar sind, um die

---

[6] Wenn auch nicht so extrem, wie B. L. Whorf (1956; dt.: 1963) behauptet hat. Gemeinsame Merkmale von Menschen in aller Welt wie auch der Umwelten, in denen sie leben, stellen bestimmte Ähnlichkeiten bei der Kategorisierung in allen Kulturen sicher.

verschiedenen möglichen Kategorisierungen bezeichnen zu können.[7]

Derartiges Kategorisieren gestattet nun die Abstraktion von der konkreten, niemals zu wiederholenden Einzelerfahrung. Einzelerfahrungen wiederholen sich tatsächlich niemals genau, und wir könnten schwerlich aus Erfahrung lernen, wenn wir nicht Merkmale abstrahierten, die auch für andere Erfahrungen gelten. Wir könnten keinerlei Erwartungen formulieren, wenn wir nicht kategorisierten, und ohne Erwartungen besäßen wir keine Intelligenz. Darin liegt ein entscheidendes Merkmal von Worten beschlossen –: sie haben einen prädiktiven Wert, die Qualität einer Vorhersage, die unsere Fähigkeit zur Nutzbarmachung von Erfahrung erheblich verstärkt und gedankliche Vorgänge ermöglicht. Wenn man einem Kinde, das gelernt hat, daß Bonbons etwas Süßes sind, das gut schmeckt, etwas gibt und dabei erklärt, es handele sich um ein Bonbon, dann wird es etwas Süßes erwarten, auch wenn es sich äußerlich von allen Bonbons unterscheidet, die es zuvor erhalten hat. Der Vorhersagewert von Worten gibt häufig Anleitungen an die Hand und entbindet von der Notwendigkeit des Lernens durch Versuch und Irrtum.

Die Vertrauenswürdigkeit der von einem Wort hervorgerufenen Erwartung hängt von der definitorischen Genauigkeit der Attribute des Wortes ab. Wenn das Wort »Mutter« als »verheiratete Frau, die ihre Kinder liebt« definiert wird, dann lassen sich manche Kinder zu irrigen Erwartungen verleiten, die eine kritischere Definition, etwa »ein weiblicher Elternteil«, nicht aufkommen läßt. Tatsächlich ist die Realitätswahrnehmung vieler schizophrener Patienten verzerrt, weil ihnen beigebracht worden ist, »Liebe zu ihrem Kind« sei ein entscheidendes Attribut des Wortes »Mutter«.

[7] Während es wahrscheinlich stimmt – wie manche Linguisten behaupten –, daß jede Sprache die potentielle Fähigkeit besitzt, jeden Gedanken auszudrücken, auch wenn dazu komplizierte Sätze erforderlich sein mögen, ist dies ganz anders bei einer Sprache, die über Worte verfügt, um bestimmte Vorstellungen auszudrücken, und zum Bestandteil der üblichen Begriffsbildung und des Nachdenkens über Erfahrungen macht. So war es auch vor der Einführung des Skifahrer-Vokabulars in die deutsche Sprache durchaus möglich, verschiedene Zustände und Beschaffenheiten von Schnee zu beschreiben, doch die Menschen nahmen für gewöhnlich solche Unterschiede nicht wahr, Unterschiede, die für das Skifahren, aber nicht zum Schneekehren wichtig sind; und auch Eskimos, die das Wort Schnee unterschiedlich verwenden, kategorisieren und nehmen Schnee entsprechend einer Wortgruppe wahr, die sich von der unterscheidet, die Skifahrer benutzen. Ich spreche nicht von Bequemlichkeit oder stillschweigender Folgerung. Der Eingeborene von Neu-Guinea, der Pidgin-Englisch spricht, kann sich über ein Piano unterhalten – alles, was er sagen muß, ist: »Big pela brother bilong box you hittem in teeth he cry.«

Durch die von der Sprache bereitgestellten Kategorien erhalten die Welt, in der jemand lebt, seine eigenen Bedürfnisse und das Verhalten anderer ein gewisses Maß an Ordnung und Vorhersagbarkeit, und folglich ist das Erlernen der Kategorien einer Kultur und der Worte, die sie bezeichnen, von entscheidender Bedeutung für die Ich-Entwicklung und für die Ich-Funktionen; Erfahrungen durch Abstrahieren gemeinsamer Merkmale kategorisieren zu lernen und dann die von einem Wort bezeichneten wesentlichen Attribute definieren zu können, dies sind Fähigkeiten, die für begriffliches Denken auf höherem Niveau unerläßlich sind.

Ich möchte die Aufmerksamkeit noch auf eine weitere Konsequenz der Kategorienbildung lenken. Eine Kategorie dient als Filter, der es gestattet, sich auf das Wesentliche zu konzentrieren, und der das Eindringen von Unwesentlichem in den Gedankengang verhindert. Wenn ich an »Bäume« denke, dann spare ich das andere pflanzliche Leben – Büsche, Gras, Blumen – aus, wenngleich die Assoziationen zu diesen Kategorien verfügbar bleiben, da sie zusammen mit den »Bäumen« eine untergeordnete Kategorie der übergeordneten Kategorie »Pflanzenleben« bilden. Obwohl die Grenzen, die diese Formen pflanzlichen Lebens trennen, ein wenig willkürlich gezogen sind, hält unsere Gesellschaft die Unterscheidungen für sinnvoll und nützlich; und die Namen dienen dazu, das Unwesentliche auszublenden und das Denken auf das Dazugehörige zu konzentrieren. Das Unvermögen des schizophrenen Menschen, seine Aufmerksamkeit zu bündeln und sich auf szenische Ausschnitte zu konzentrieren, sowie das Überschwemmtwerden von Reizen, das Leiden an Assoziationsentgleisungen und überinklusivem Denken usw., all dies läßt sich auf Unzulänglichkeiten des Kategorisierens durch Worte zurückführen – eines Prozesses, der die Funktion eines Filters erfüllt, freilich in anderer Weise als das retikuläre Aktivierungssystem des Gehirns.

Familie und Spracherwerb

Die im folgenden behandelten Fragen beziehen sich im Grunde auf die Familie, in der das Kind heranwächst. Wie genau und sinnvoll ein Kind Worte verwendet und syntaktisch miteinander verbindet, ist weitgehend davon abhängig, wie es von den Älteren, in erster Linie von den Mitgliedern seiner Familie, angeleitet wird. Dieser subtile und verwickelte Prozeß ist vielen bewußten und unbewußten Einwirkungen ausgesetzt. Das Kind verwendet Worte, um Probleme zu lösen. Bedeutungen werden erlernt, schnell oder langsam, richtig oder unrichtig, genau oder vage, je nachdem, wie effektiv und beständig richtiger Wortgebrauch dem Kinde Vorteile einbringt. Es kommt auf die Interaktion zwischen Kind und Erziehern an, auf die Übereinstimmung zwischen Lehrern, den Hinweisen, die sie geben, dem, worauf sie reagieren, und dem, was sie vergessen, den Bedeutungen, die sie belohnen, und denen, die sie ignorieren. Der Prozeß des Erlernens von Bedeutungen ist langwierig. Das, was ein Wort bezeichnet, ist zunächst nur etwas Ungefähres und Fließendes; so wenn das Kind anfangs das Wort »Hund« von sich gibt, wenn es ein Pferd, eine Katze, einen Hund, eine Leine sieht, und sich dann zeitweilig dem Bild eines Hundes, dem Buch, das das Bild enthält, jedem Buch zuwendet, ehe es wieder zu lebenden Tieren zurückkehrt und mit dem Wort schließlich das richtige Tier belegt. Erst viel später im Leben des Kindes wird das Wort eine metaphorische Bedeutung annehmen, um damit einen bestimmten Menschentyp zu bezeichnen. Im weiteren Lebensverlauf verengt sich die Wortbedeutung für das Kind, sobald die wesentlichen Attribute der Kategorie definiert sind, und sie weitet sich gleichzeitig aus, um die zunehmende Erfahrung des Kindes mit dem Wort und dem, was es bezeichnet, aufnehmen zu können. Wie wir von Piaget wissen, hängt der Erwerb der richtigen Bedeutung von Kategorien auch davon ab, ob das Kind präoperationales Denken hinter sich läßt, um die Fähigkeit zu erwerben, mittels konkreter Kategorien zu klassifizieren und dann abstrakte Kategorien zu bilden – ein Prozeß, der fortschreitende Dezentrierung, das heißt Überwindung der Egozentrizität verlangt.

Wie beim Lernen von Bedeutungen spielen die Erfahrungen des Kindes innerhalb der Familie auch eine entscheidende Rolle beim Erlernen syntaktischer Gefüge. Der Spracherwerb hat seine Wurzeln in der präverbalen Gemeinsamkeit zwischen Mutter und Kind. Wenn ein Baby einen nur aus einem einzigen Wort bestehenden Satz wie »Wasser« benutzen kann, dann kann nur eine Person, die das Kind und seine Verhaltensweisen genau kennt, wissen, ob »Wasser« bedeutet »Ich bin durstig«, »Laß mich mit Wasser spielen«, »Ich möchte einen glitzernden Gegenstand wie das Wasserglas haben«, oder »Ich langweile mich und möchte Gesellschaft haben«. Bei der Erfüllung des jeweiligen Bedürfnisses beginnt die Mutter das Wort und seine Verwendung zu definieren – häufig ohne es zu wissen –, und dabei sagt sie laut: »Baby möchte Wasser«, »Baby trinkt Wasser«, »Baby spielt mit dem Glas« usw., bis sie das Zutreffende gefunden hat. Brown (1958) hat nachgewiesen, daß Mütter die Syntax von Kleinkindern ständig ausweiten, indem sie Worte verwenden, die das Ausdrucksvermögen des Kindes noch übersteigen, die es aber unter Umständen bereits verstehen kann. Solch ein fortwährender, angemessener linguistischer Austausch scheint für den richtigen Spracherwerb und für die kognitive Entwicklung des Kindes von entscheidender Bedeutung zu sein. Das kleine Kind ist zunächst nicht in der Lage, zu jedermann zu sprechen, sondern in erster Linie zu seiner Mutter, die seine Bedürfnisse, seine Erfahrungen, seine Fähigkeiten und die Eigentümlichkeiten seiner Babysprache kennt. Was aber geschieht, wenn die Mutter – wie es bei vielen Müttern der von uns untersuchten schizophrenen Patienten der Fall war – sich in einer Wochenbettdepression befindet oder ansonsten mit ihren eigenen Bedürfnissen und mit ihrem eigenen Kummer so beschäftigt ist, daß sie dem Kind kaum Aufmerksamkeit widmen kann? Oder wenn eine Mutter, wie die meisten Mütter schizophrener Patienten, so weitgehend egozentrisch ist, daß sie eher auf ihre eigenen Bedürfnisse als auf die ihres Kindes reagiert oder aber auf ihre auf das Kind projizierten Bedürfnisse?

Entwickeln manche Kinder aufgrund der Kommunikationsschwierigkeiten ihrer Eltern oder aufgrund der in der Familie verwandten eigentümlichen Wortbedeutungen und Denkweisen konfuse Bedeutungen, die die Wahrnehmungen von Erfahrungen entstellen und womöglich das Bemühen um Problemlösungen scheitern lassen? Sind ihre Fähigkeiten, mit anderen umzugehen, beeinträchtigt, und haben sie Schwierigkeiten, sich sinnvolle Erwartungen vorzustellen? Lernen sie beim Heranwachsen, daß Wortbedeutungen so verändert werden können, um damit emotionale Spannungen abzuwehren? Können sie in Abwandlung der Worte von Alice im Wunderland sagen: »Wenn ich ein Wort benutze, dann bedeutet es ungefähr das, was es für mich bedeuten muß.« Bleibt die Sprache ein Fluchtweg zur Phantasie, statt sich zu einem instrumentalen Werkzeug zu entwickeln? Kann die daraus sich ergebende Beeinträchtigung der adaptiven Fähigkeiten und der Ich-Funktionen sie anfällig für schizophrene Desorganisation machen? Dies sind entscheidende Fragen, die im Verlauf der vergangenen fünfzehn Jahre in den Mittelpunkt der Schizophrenieforschung gerückt sind.

Im vorausgegangenen Kapitel habe ich bei der Beschreibung der Transaktionen von Familien, aus denen schizophrene Kinder hervorgehen, auf einige Möglichkeiten hingewiesen, wie solche Familien bei ihren Kindern die Bildung einer soliden

Grundlage des Sprachsystems beeinträchtigen und sie dazu anhalten oder sogar unwissentlich zwingen können, Wahrnehmungen, Bedeutungen und Denkweisen zu verzerren. Das heranwachsende Kind gerät in Verwirrung angesichts der Frage, welche Bedürfnisse in ihm und welche in seiner Mutter auftauchen. Verwirrung erfaßt es auch, weil seine Mutter die Antwort auf ein Wort belohnt, während sein Vater es dafür bestraft. Aus den innerfamiliären Transaktionen lernt das Kind, daß die eigentlich maskulinen Rollen die femininen sind oder daß ein Vater ein Mensch ist, der als Rivale seines Sohnes auftritt und ihm gegenüber feindselig eingestellt ist, oder daß Liebe Überbesorgtheit bedeutet usw. Die Struktur einer Familie als eines Sozialsystems beeinflußt die Bedeutungsbildung. Eindeutige Rollenzuweisungen und Beziehungen erübrigen die Notwendigkeit bestimmter verbaler Klarstellungen und bilden die Grundlage für einen beträchtlichen Teil der innerfamiliären Kommunikation. Für gewöhnlich kann man von bestimmten Voraussetzungen ausgehen, wenn ein Kind eher eine Bitte an seinen Vater als an seine Mutter richtet oder wenn die Mutter statt mit ihrer Tochter mit ihrem Sohn spricht, doch diese Voraussetzungen gelten nicht für die genannten Familien.

Tatsächlich können wir auch feststellen, daß Worte unserer Sprache für Männer und Frauen unterschiedliche Bedeutungen haben. Die lexikalischen Bedeutungen unterscheiden sich zwar nicht, doch viele Worte haben für Männer und Frauen unterschiedliche Nebenbedeutungen. So hat das Wort »Schinken«, das ein Stück Fleisch vom oberen Teil des Hinterbeins eines Schweines bezeichnet, für den Mann die Nebenbedeutung einer Speise, die von einer fürsorglichen Pflegeperson zum Essen auf den Tisch gestellt wird, während es für die Frau mehr mit Einkauf, Zubereitung und Auftragen zu tun hat. Das Wort »Haus« weckt in der Frau traditionsgemäß – oder weckte jedenfalls früher – die Vorstellung einer Stätte, in der sie den größten Teil ihrer Zeit zubringt und die sie sauberzuhalten hat usw., während der Mann dabei an einen Ort denkt, an den er heimkehrt, an dem er Behaglichkeit findet und der Hypothekenzahlungen und kostspieliges Heizmaterial verlangt. Ein Junge jedoch, der in einem Haus aufwächst, in dem der Vater die Einkäufe und das Kochen erledigt und in dem von ihm erwartet wird, daß er die Betten macht und das Geschirr spült, während die Mutter für den Unterhalt der Familie sorgt, ein solcher Junge lernt falsche Bedeutungen der Begriffe »Vater« und »Mutter«, wie sie unsere Gesellschaft traditionellerweise benutzte. Wie wir noch sehen werden, ist eine besondere Bedeutung dem Befund beizumessen, daß in solchen Familien ein Elternteil oder beide Schwierigkeiten haben, zwischen dem eigenen Selbst und den anderen Familienmitgliedern Grenzen zu ziehen. Des weiteren hat die Mehrzahl der schizophrenen Patienten zumindest ein Elternteil, der selbst mehr oder weniger schizophren oder paranoid ist und dem Kind seltsame, wahnhafte Ideen beibringt und häufig auch offenes Mißtrauen gegenüber den Motiven von Menschen außerhalb der Familie oder sogar gegenüber dem anderen Elternteil. Manche Patienten wachsen unter Umständen auf, die wir als *folie en famille* bezeichnet haben; sie teilen einige abwegige oder wahnhafte Vorstellungen, von denen die familiären Beziehungen durchdrungen sind, und halten sie für selbstverständlich.

Kommunikation in schizophrenogenen Familien

Im Verlauf der letzten fünfzehn Jahre hat allerdings eine Anzahl von Beobachtern und Forschern ihr Interesse vor allem auf das Wesen der Kommunikation in Familien mit schizophrenen Kindern gerichtet und den sicheren Nachweis erbracht, daß sie auf verschiedene Weise die Ausrüstung des Kindes mit einer sicheren, kohärenten Grundlage des kulturellen Bedeutungs- und Logiksystems beeinträchtigt und dem Kind häufig verzerrte Begriffsbildungen aufzwingt. Einer der von den Familienuntersuchungen erzielten größeren Durchbrüche sind die Erkenntnis und der Nachweis gewesen, daß schizophrene Denkstörungen nicht *de novo*, als etwas Neues auftreten, sondern im Gefolge von schweren Denkstörungen bei einem oder beiden Elternteilen, ein Befund, den man als Beweis dafür betrachten kann, daß es sich bei den Denkstörungen des Patienten um einen genetisch vermittelten Defekt der Zerebralfunktionen, um eine Folgeerscheinung der elterlichen Denkweisen oder um eine Reaktion darauf handelt. Verschiedene Untersuchungen lassen erkennen, daß es nicht notwendig zu sein scheint, eine genetische Beziehung zu postulieren, wenngleich ein hereditärer Faktor das Problem verschärfen mag.[8]

---

[8] McConaghy (1959) fand heraus, daß jeder von zehn schizophrenen Patienten mit einer Denkstörung zumindest einen Elternteil hatte, dessen begriffliches Denken gestört war, wie sich an der von Lovibond (1953) erarbeiteten Version des *Object Sorting Test* ablesen ließ; McConaghy wer-

Bateson, Jackson und ihre Mitarbeiter (1956) haben die Aufmerksamkeit auf die Double-bind-Situationen in solchen Familien gelenkt. Das schizophren werdende Kind ist ständig einander widersprechenden Botschaften und Forderungen ausgesetzt, die es nicht erfüllen kann, weil sie sich gegenseitig ausschließen, und gleichzeitig vermag es aufgrund seiner Abhängigkeit von und seinem Bedürfnis nach einem Elternteil oder beiden, welche die Forderungen erheben, der unmöglichen Situation nicht zu entrinnen. Das Double-bind-Konzept ist ein wenig unscharf geworden, weil es zu einem Schlagwort geworden ist, doch es besagt in Kürze, daß das Kind bei seinem Versuch, Anerkennung zu gewinnen oder Strafe zu vermeiden, »verdammt (ist), wenn es etwas tut, und verdammt ist, wenn es dies nicht tut«, und daß es kognitiv und emotional durch die widersprüchlichen Botschaften hin- und hergerissen wird. Der Bind kann durch ein Elternteil hergestellt werden, bisweilen durch Unterschiede zwischen dem, was er sagt, und dem, was er nicht-verbal vermittelt, aber auch durch Verleugnung von offenkundigen Dingen, die sein oder ihr Selbstbild gefährden.

Eine Mutter ermahnte ihre zur Promiskuität neigende Tochter fortwährend, sie solle damit aufhören, ihre Missetaten durch Lügen zu kaschieren und ehrlich gegenüber ihrem Psychoanalytiker sein. Als die Patientin jedoch unter großer

tete dies Ergebnis als Beweis für eine dominant genetische Form der Vererbung. Meehl sah in seiner Untersuchung einen Beweis für die genetische Weitergabe einer »Schizotaxie«. Meine Mitarbeiter und ich vermochten jedoch in einer sehr sorgfältig kontrollierten Untersuchungsreihe das Ergebnis nicht zu bestätigen, daß jeder Patient einen Elternteil mit einer an dem besagten Test ablesbaren Störung des begrifflichen Denkens hat, wenngleich die Störungen der Eltern statistisch signifikant waren (Lidz, Wild, Schafer, Rosman und Fleck, 1963). Für die mißlungene Ergebniswiederholung war wahrscheinlich ein Meßirrtum, den Lovibond und McConaghy als abnormal ansahen, oder die Häufigkeit solcher Meßwerte bei Kontrolluntersuchungen sowie ferner die Tatsache verantwortlich, daß McConaghy weder blind bewertete noch zuverlässige Meßmethoden besaß. Bei unseren Untersuchungen konnten wir keine Unterschiede zwischen Eltern von Patienten und einer Kontrollgruppe von Eltern mit einer unter dem Niveau der Höheren Schule liegenden Bildung feststellen (Rosman, Wild, Ricci, Fleck und Lidz, 1964).
Der Bericht einer kritischen Untersuchung von Wender et al. (1971), in dem es heißt, daß Adoptiveltern schizophrener Patienten sich mit Hilfe psychologischer Tests nicht feststellen lassen, hat sich nachträglich als unrichtig herausgestellt. Dr. Singer, der die gleiche Reihe von Tests bewertete, bezeichnete die Adoptiveltern blind als Eltern schizophrener Patienten, hingegen keines der Elternpaare der Kontrollgruppe; seine Treffgenauigkeit betrug hundert Prozent (Wender; Wynne, persönliche Mitteilung).

Angst und nur nach vorheriger Erörterung der Angelegenheit mit ihrem Therapeuten die Mutter fragte, was denn auf gewissen »wilden Partys« vor sich gehe, welche die Eltern besuchten – was sie tatsächlich taten –, da fuhr die Mutter die Patientin wutentbrannt an, sie solle aufhören zu lügen. Beim nächsten Familientreffen erklärte sie ihrer Tochter, sie werde wahrscheinlich in ein staatliches Krankenhaus überwiesen – mit der unmißverständlichen Drohung, dies werde mit Sicherheit geschehen, wenn sie zu den Eskapaden der Mutter nicht den Mund halte. Der von einem Elternteil ausgehende Doublebind ist in weiterem Sinne ein wesentlicher Bestandteil der im vorigen Kapitel erörterten schiefen Familie. Für gewöhnlich gibt die Mutter ihrem Sohn zu verstehen, er müsse zu einem großen Mann heranwachsen, doch gleichzeitig auch, er dürfe sich niemals wirklich von ihr differenzieren und trennen.

Ein klassisches Beispiel für einen Double-bind, der auf die einander widersprechenden Forderungen beider Eltern zurückgeht, haben wir in dem Fall der Nancy G., den ich als Paradigma der schismatischen Familie angeführt habe. Wenn Nancy sich dem Katholizismus zuwandte, wurde sie von ihrem Vater abgelehnt, und wenn sie daran dachte, den Lutherischen Glauben anzunehmen, zog sich ihre Mutter von ihr zurück; sie bekam es mit der Angst zu tun und erging sich in ständigen Belästigungen. In den meisten Lebensbereichen bedeutete ihr Bemühen, einem Elternteil zu gefallen oder ihn zufriedenzustellen, Ablehnung durch den anderen – ein Zustand, der seit früher Kindheit bestand, bis Nancy im späteren Stadium der Adoleszenz psychotisch wurde.

Das Double-bind-Konzept ist ein höchst wichtiger Beitrag zu unserem Verständnis schizophrener Störungen, doch zur Ätiologie der Schizophrenie gibt das Konzept, ausgenommen in einem symbolischen Sinne, keine klärende Antwort. Es beleuchtet einen wichtigen Aspekt einer allgemeineren Kommunikationsstörung in diesen Familien.

Transmission von Irrationalität

In einer Arbeit mit dem Titel »The Transmission of Irrationality« sind meine Kollegen und ich das Problem von einer anderen Seite her angegangen (Lidz, Cornelison, Terry und Fleck, 1958). Eine Theorie der Schizophrenie muß nicht nur das Bedürfnis des Patienten nach Aufgabe der Realitätsprüfung erklären, sondern auch seine Fähigkeit, dies zu bewerkstelligen. Es schien uns von Wichtigkeit, daß wir zu verstehen suchten, warum einige Menschen leichter auf unübliche, von niemandem sonst beschrittene Wege der Welterfahrung ausweichen können als andere. Wir stellten fest, daß die Grundlagen für die Realitätsprüfung bei unseren Patienten brüchig waren, weil sie allesamt inmitten von Irrationalität aufgewachsen und innerfamiliären Kommunikationsformen ausgeliefert waren, die alles entstellten und verleugneten, was eigentlich die nächstliegenden Erfahrungsinterpretationen sein sollten, einschließlich des Erkennens und Verstehens von nicht-verbalen Botschaften und des affektiven Verhaltens von Familienmitgliedern. Obwohl von den fünfzehn Familien, die wir intensiv untersucht hatten, zur Zeit der Abfassung der Arbeit keiner der Eltern jemals in einer psychiatrischen Klinik gewesen war, so ließ sich doch erkennen, daß wenigstens neun der fünfzehn Patienten zumindest ein Elternteil hatte, der schizophren, ambulatorisch schizophren oder offen paranoid war. Das Verhalten oder die Beziehungsformen dieses Elternteils gestalteten das Familienheim zu einer fremdartigen Stätte voll von Unvereinbarkeiten und Irrationalitäten wen nicht unverkennbaren Wahnideen. Anschließende Erfahrungen mit den Eltern von einigen hundert Patienten, die im *Yale Psychiatric Institute* behandelt wurden, legten den Schluß nahe, daß die hohe Inzidenz psychotischer oder psychosenaher Eltern keineswegs atypisch ist, wenngleich viele genetische Untersuchungen erheblich niedrigere Zahlen angeben. Wie auch die Untersuchungen von Alanen (1966) gezeigt haben, zeitigt sorgfältige persönliche Beschäftigung mit Eltern ganz andere Ergebnisse als nur das Abzählen, wie viele Eltern jemals in eine Krankenanstalt eingewiesen worden oder in psychiatrischer Behandlung gewesen sind.

Auch Familien, von denen keiner der beiden Eltern mit Sicherheit als psychotisch bezeichnet werden konnte, boten, wie sich feststellen ließ, aufgrund der emotionalen Bedürfnisse der Eltern ein irrationales Entwicklungssetting. Die Anstrengungen dieser Eltern, ihr heikles emotionales Gleichgewicht aufrechtzuerhalten, führten dazu, daß sie die Familienumwelt in rigider Weise entsprechend ihren Forderungen an die Dinge gestalteten. Sie suchten die Umwelt, vor allem die familiäre, zu begrenzen, um Bedingungen schaffen und beibehalten zu können, die es ihnen erlaubten, ihre Vorstellung von sich selbst und ihrer Familie intakt zu halten, einer Familie, an die sie sich klammern mußten, um ihr emotionales Gleichgewicht aufrechterhalten zu können. Die Umweltabgrenzung der Eltern und ihr hartnäckiges Bemühen, die Wahrnehmungen und Bedeutungen der anderen Familienmitglieder zu ändern, schaffen ein fremdartiges Familienmilieu, das angefüllt ist mit Unvereinbarkeiten, widersprüchlichen Wortbedeutungen und Verleugnungen dessen, was offensichtlich sein sollte. Die Kinder solcher Familien ordnen ihre eigenen Bedürfnisse den Abwehrmechanismen der Eltern unter, und ihre begriffliche Erfahrungsverarbeitung steht im Dienste der elterlichen Problemlösung statt im Dienste der Ereignismeisterung und der Wahrnehmung eigener Gefühle. Die Hinnahme einander widersprechender Erfahrungen erfordert paralogisches Denken. Die Unzugänglichkeit der Eltern gegenüber den Bedürfnissen des Kindes und die Kaschierung des wahren Charakters innerfamiliärer Situationen verzerrt die Wortbedeutungen und das Denken des Kindes.

Das Beharren der Eltern darauf, daß das Kind die Familientransaktionen so wahrnimmt, wie die Eltern es verlangen, zwingt das Kind, seine eigenen Gefühle und Bedürfnisse zu unterdrücken oder zu verleugnen oder aber sich unerwünscht zu fühlen. Seine Wahrnehmungen müssen entstellt werden, damit sie mit der Prokrustes-Form, in der es lebt, übereinstimmen. Tatsachen werden fortlaufend verändert, um sie auf emotional bedingte Bedürfnisse – der Eltern statt des Kindes – abzustimmen.

Die rigiden Abwehrmechanismen der Eltern, die in den begrenzten Möglichkeiten zum Ausdruck kommen, mit dem Leben fertigzuwerden, erklären die merkwürdige Mischung aus Aufdringlichkeit und Unzugänglichkeit, die so charakteristisch ist für diese Eltern. Die Eltern sind aufdringlich, um auf diese Weise das Kind kontrollieren zu können, und gleichzeitig unzugänglich gegenüber den Gefühlen, Wünschen und Bedürfnissen des Kindes. Die Eltern können an nichts denken, was nicht mit ihren eigenen Selbstschutzsystemen übereinstimmt, und sie sind im Grunde nur empfänglich für ihre eigenen, freilich auf das Kind verschobenen Bedürfnisse. Obwohl die Eltern den Eindruck vermitteln, als seien sie gefühlskalt oder lehnten das Kind ab, so ist ihre Unzugänglichkeit doch eher eine Ablehnung all dessen, was ihr eigenes Gleichgewicht oder ihr Selbstbild bedroht. Eine Mutter, die sicher war, der einzige Ehrgeiz ihrer Tochter bestehe darin, eine große Schriftstellerin zu werden, hatte kein Gespür für den verzweifelten Wunsch ihrer Tochter, von der Verpflichtung, die vereitelten Ambitionen ihrer Mutter zu erfüllen, erlöst zu werden.

Eine als »Maskierung« (Spiegel, 1957) bezeichnete weitere Konfusion der innerfamiliären Kommunikation geht auf ähnliche elterliche Probleme zurück. Um sein oder ihr Gleichgewicht zu retten, kaschieren ein oder beide Elternteile eine äußerst störende Situation innerhalb der Familie, tun so, als ob sie nicht existiere, und erwarten vom Kind, daß es die Situation ignoriert und sie stillschweigend ebenfalls verleugnet. So fuhr eine Mutter fort, so zu tun, als ob ihr Mann ein berühmter Anwalt sei, und verschleierte die Tatsache, daß er nach dem Selbstmord seines Partners viele Jahre zuvor nicht mehr effektiv zu arbeiten vermochte, sondern nur noch die Fassade aufrechterhielt, indem er sich mit belanglosen Forschungsarbeiten beschäftigte, während seine Frau die Bürokosten bestritt. Sie konnte sich so wenig eingestehen, daß sie mit einem erfolglosen Mann verheiratet war, wie er sich sein Versagen einzugestehen vermochte, und von den Kindern wurde erwartet, daß sie sich nicht klarmachten, was auf der Hand lag – daß sie und nicht ihr Mann die Familie unterhielt. Strindbergs Schauspiel *Ostern* (1901), das von einem schizophrenen jungen Mädchen handelt, schildert einen krassen Fall von Maskierung. Die Mutter behauptet gegenüber ihren Kindern ständig, ihr Vater sei zu Unrecht wegen Unterschlagung ins Gefängnis gesperrt worden; dann, am Karfreitag, wenden sich die Vermögensverhältnisse der Familie zum Besseren, allerdings erst, nachdem die Mutter zugegeben hat, daß sie nicht nur gewußt hat, daß ihr Mann sich schuldig gemacht hat, sondern auch eingewilligt hatte, seine Schuld vor den Behörden zu verbergen. Derartige Entstellungen der innerfamiliären Transaktionen, hervorgerufen durch die Abwehrmuster der Eltern, lassen das Kind häufig daran zweifeln, ob verbale Kommunikation ein sinnvolles und geeignetes Mittel zur Problemlösung und zur Herstellung bedeutsamer Beziehungen mit anderen sein kann.

Es ist auch wichtig, sich zu vergegenwärtigen, daß in manchen Familien ein mehr oder weniger psychotischer Elternteil den Kindern ganz offen seltsame oder wahnhafte Ideen einflößt, häufig auch blankes Mißtrauen gegenüber den Motiven anderer Menschen und selbst des anderen Elternteils.

Das Beharren der Eltern darauf, daß ihre Kinder die Wahrnehmungen verzerren und leugnen, was offensichtlich ist, steht in Beziehung zu dem Vorgang, den Searles (1959) als »The Effort to Drive the Other Person Crazy« (»Das Bestreben, den anderen verrückt zu machen«) bezeichnet hat; Searles sieht darin ein Mittel, das die Eltern anwenden, um ihre eigene Angst davor, verrückt zu werden, zu externalisieren und loszuwerden, und zwar als Ersatz dafür, den Patienten zu töten, oder als ein Mittel, um das Kind davon abzuhalten, sich von der Mutter zu trennen. Es steht auch in Beziehung zu dem von Laing und Esterson (1964) erarbeiteten Konzept der »Mystifikation«, bei der es sich um eine weitere Möglichkeit handelt, Verwirrung zu stiften, die sich bis zum Wahnsinn steigern kann. Ich glaube allerdings nicht, daß hinter diesen entstellenden Einwirkungen auf die Rationalität des Patienten die absichtsvolle Bösartigkeit steht, von der die genannten Forscher bisweilen auszugehen scheinen.[9]

Amorphe und fragmentarische Kommunikation

Unsere Beschäftigung mit dem Problem ist mit den Befunden von Wynne und Singer (1963a, 1963b; Singer und Wynne, 1965a, 1965b) hinsichtlich der Kommunikationsstile von Eltern schizophrener Patienten ein gutes Stück weitergekommen. Die beiden Forscher haben aufgezeigt, daß die Familientransaktionen praktisch immer ernsthaft beeinträchtigt sind, weil ein oder beide Elternteile in einem amorphen, verschwommenen oder in einem fragmentarischen, bruchstückhaften Stil kommunizieren, unfähig, die Aufmerksamkeit selektiv auf gemeinsame Wahrnehmungen und Gefühle zu richten oder interne oder externe Zustände dauerhaft zu trennen, wodurch eine sinnvolle Kommunikation innerhalb der Familie schier unmöglich gemacht wird. Des weiteren spiegelt das Äußern von unvollständigen Sätzen im Kommunikationsverhalten dieser Eltern eine alles durchdringende Sinn- und Zwecklosigkeit wider, welche die Entwicklung und Beibehaltung klar abgegrenzter Begriffe verhindert und das Kind vor große Schwierigkeiten stellt, begriffliches Denken zu erlernen. Die Unfähigkeit der Eltern, angemessene Distanz zu halten und zu wahren, kommt in ihrer Sprache als konkretes Wörtlichnehmen, das in vage, extrem verallgemeinerte, synkretische Antworten übergeht, deutlich zum Ausdruck. Wynne und Singer haben »sich auf jene durchgängigen Aspekte des Familienstils konzentriert, die die Entwicklung der basalen kognitiven und eng damit zusammenhängenden Fähigkeiten beeinträchtigen und unterminieren können, die sich bei schizophrenen Störungen als besonders beeinträchtigt erweisen: die Fähigkeiten, sich selektiv auf etwas einzustellen, größere Zusammenhänge im Auge zu behalten und zielgerichtetes Denken zu verfolgen; die Fähigkeit, Körperbild und Selbst-

[9] Zu denen, die über eng miteinander verbundene Aspekte des Einflusses gestörter Familienkommunikation auf die Entstehung der Schizophrenie geschrieben haben, gehören unter anderen: Bruch und Palombo (1961), die aufzeigten, wie dadurch die physiologischen Funktionen des Patienten gestört werden können; C. P. Rosenbaum (1961); J. Weakland (1960); Adelaide Johnson et al. (1956); P. Watzlawick (1963); Jay Haley (1959).

vorstellung vom Nicht-Selbst zu unterscheiden; die Fähigkeit, auf die Triftigkeit eigener unmittelbarer Erfahrungen zu vertrauen, die Fähigkeit, Objektbeziehungen adaptiv zu organisieren, und die Fähigkeit, für die eigene Erfahrung Sinn und Zweck zu schaffen und zu organisieren« (Singer und Wynne, 1965b).

Anhand der mit Eltern durchgeführten projektiven Tests konnten die genannten Forscher die Eltern von schizophrenen Kindern mit einem äußerst hohen Maß an statistischer Signifikanz von normativen Kontrollgruppen unterscheiden, konnten Elterngruppen den dazu gehörigen schizophrenen Kindern zuordnen und den kognitiven Stil voraussagen, den der Patient bei seinen Testreihen zu erkennen geben würde. Unsere Arbeitsgruppe an der Yale-Universität (Wild et al., 1965) modifizierte die von Singer und Wynne angewandte Technik und ihr Auswahlverfahren für den *Object Sorting Test* und war ebenfalls in der Lage, Eltern von Schizophrenen sehr erfolgreich von sorgsam ausgesuchten Kontrollgruppen zu unterscheiden.

Nun mag es auf den ersten Blick so scheinen, als ob die verschiedenen, zweifellos interessanten Untersuchungen höchst unterschiedliche Ergebnisse zutage gefördert hätten. Die Arbeitsgruppe von Bateson und Jackson befaßt sich mit dem – emotional wie kognitiv desorganisierenden – Einfluß der Double-bind-Situation, in die der Patient von seinen Eltern gestellt wird. Wynne und Singer heben besonders hervor, daß sie den elterlichen Stil für wichtiger halten als den jeweiligen Inhalt. Unsere Arbeitsgruppe unterstreicht die Transmission von Irrationalität. Ich glaube jedoch, daß wir bei einem Blick gleichsam hinter die Szene erkennen werden, daß diese Unterschiede sich um gemeinsame Probleme von Eltern schizophrener Patienten drehen.

Ein großer Anteil der elterlichen Kommunikationsschwierigkeiten steht in Beziehung zu oder läßt sich zurückführen auf entweder die diffusen Ichgrenzen der Eltern oder ihr Bedürfnis, die Umwelt zu beschränken und die Erfahrungswahrnehmungen zu entstellen, um ihr heikles emotionales Gleichgewicht zu bewahren. Diese beiden Umstände stehen miteinander in Wechselwirkung und bilden Facetten derselben Persönlichkeitsstörung, nämlich der tiefgehenden Egozentrizität oder der narzißtischen Bedürfnisse der Eltern.

Zu Beginn dieses Kapitels habe ich festgestellt, daß verschiedene sachdienliche Beschreibungen des Wesens schizophrener Denkstörungen wie Entgleisung der Assoziationen, Mängel der Kategorisierungsfähigkeit, Unvermögen, Szenenausschnitte zu behalten, praktisch synonym sind mit der Kennzeichnung schizophrenen Denkens als überinklusiv, daß aber die schizophrene Überinklusivität charakteristischerweise egozentrisch ist. Das Denken des schizophrenen Patienten ist egozentrisch überinklusiv insofern, als er glaubt, daß zufällige oder unwesentliche Ereignisse sich auf ihn beziehen oder daß seine Handlungen oder Gedanken auf magische Weise andere Menschen oder die unbelebte Natur beeinflussen. Wir sind nun an dem Punkt angelangt, von dem aus wir die Verbindungen zwischen der Egozentrizität der Eltern und der egozentrischen Überinklusivität des Patienten erforschen können, und werden uns anschließend mit den Beziehungen zwischen der elterlichen Egozentrizität, dem Familiensetting, dem kognitiven Stil der Eltern und der schizophrenen Störung des Patienten beschäftigen.

Elterliche Egozentrizität

Viele der bei diesen Eltern festgestellten Eigenschaften wie ihr Eindringen in das Leben des Kindes auf der einen, ihre Unzugänglichkeit gegenüber seinen Gefühlen auf der anderen Seite, ihre Unfähigkeit, zwischen ihren eigenen Gefühlen und Bedürfnissen und denen des Kindes zu unterscheiden oder sich klarzumachen, daß das Kind Situationen anders erlebt als sie selbst, ihr Umgang mit dem Kind, das sie als Anhängsel ihres eigenen Lebens betrachten, usw. – viele dieser Eigenschaften ergeben sich aus dem Umstand, daß es den Eltern nicht gelingt, zwischen ihrem eigenen Selbst und dem Kind angemessene Schranken aufzurichten. Wie Cynthia Wild (1965) hervorgehoben hat, lassen des weiteren verschiedene Aspekte der gestörten Kommunikationsstile von Eltern, die sich dem *Object Sorting Test* unterziehen, erkennen, daß die Testpersonen die Grenzen zwischen sich und dem Tester verloren haben. Die Eltern Schizophrener füllen sowohl den Tester wie den Test mit eigenen Gedanken und Gefühlen aus. Sie regen sich auf, weil der Tester nicht weiß, was sie denken, ändern die Regeln, als wenn sie Tester wären, und sagen »Sie«, wenn sie eigentlich »Ich« meinen, usw. Die Schwierigkeiten der Eltern bei der Einhaltung von Grenzen sind jedoch als solche eine Manifestation ihrer Egozentrizität. So glauben sie beim *Object Sorting Test* häufig, die Objekte seien egozentrisch zusammengestellt worden – in der Art und Weise, wie sie die Objekte benutzen würden, oder je nach ihrer Eignung für eine Geschichte, in der sie mitspielen –, als wenn sie nur als

Teil ihres eigenen Lebens zusammengestellt und verstanden werden könnten. Ebenso können die Probleme der Eltern bei der Einhaltung einer angemessenen Distanz, Probleme, welche die Kommunikation stören und Beziehungen beeinträchtigen, als Schwierigkeiten bei der Aufrechterhaltung von Grenzen angesehen werden – das heißt, die Eltern kommen aufdringlich nahe oder ziehen sich in dem Versuch, die Trennung aufrechtzuerhalten, in äußerste Distanz zurück. Wie Wynne und Singer (1963a, 1963b; Singer und Wynne, 1965a, 1965b) betont haben, mißlingt es solchen Eltern, ihre Aufmerksamkeit über längere Zeit zu konzentrieren, wozu auch die Schwierigkeit gehört, sich über längere Zeit dieselben Objektrepräsentanzen deutlich zu vergegenwärtigen, ein Unvermögen, aus dem sich verwirrende Verneinungen und Leugnungen zuvor gegebener Antworten sowie Schwierigkeiten bei der Trennung eigener Gedanken und Gefühle von denen anderer ergeben. Dazu kommen Abgrenzungsprobleme und, wie Schachtel (1959) hervorgehoben hat, das Versagen vor der Aufgabe, die Egozentrizität der Kindheit aufzugeben, denn erst dann wird der Betreffende in die Lage versetzt, sich zu dezentrieren und sich klarzumachen, daß Objekte unabhängig davon, ob er mit ihnen zu tun hat, Existenz und Dauer besitzen. Wie bei der Beschreibung des Familiensettings erörtert, verhalten sich besagte Eltern gegenüber ihren Kindern so, als existierten sie nur in Beziehung zu dem jeweiligen Elternteil und seinen Bedürfnissen. Sie mißbrauchen ein Kind dazu, ihr eigenes Leben zu vervollständigen, das Leben zu führen, das ihnen selbst zu führen nicht vergönnt war, die Kluft zwischen den Eltern in einer schismatischen Ehe zu überbrücken, als Sündenbock zu dienen, um den elterlichen Konflikt zu kaschieren, usw.

Die Beziehung zwischen der Egozentrizität der Eltern und des Patienten

Die Egozentrizität der Eltern unterscheidet sich für gewöhnlich, wenn auch nicht immer, von der des Patienten: den Eltern gelingt es häufig, ihre Egozentrizität auf die Beziehungen zu Familienmitgliedern und vor allem auf die Eltern-Kind-Beziehung zu beschränken, eine Egozentrizität, die sich in der Unfähigkeit äußert, zu erkennen, daß der andere Mensch andere Gefühle, Bedürfnisse und Erfahrungsweisen als man selbst hat. Der egozentrische Elternteil kann sich mithin dem Kind und seinen Bedürfnissen nicht richtig anpassen, sondern versucht vielmehr, das Kind den Bedürfnissen des Elternteils anzugleichen, indem er von dem unreifen Kind verlangt, sich der Orientierung des Elternteils zu fügen – die Welt so zu sehen, wie der jeweilige Elternteil sie sehen muß.

Im Gegensatz zu den Eltern ist der Patient den Bedürfnissen und Gefühlen anderer zugänglich und kann sogar ein übermäßig empfindliches Gespür dafür haben, weil er sich ständig den Bedürfnissen der Eltern anpassen mußte. So ist die Egozentrizität der Eltern und des Kindes in vielerlei Hinsicht umgekehrt, und während sie den Eltern dazu dient, ihr emotionales Gleichgewicht zu wahren, macht sie den Patienten verletzlich, weil er von den Bedürfnissen der Eltern gelenkt wird, statt seine Energie und seine Aufmerksamkeit in seine eigene Entwicklung zu investieren. Der Patient läßt sich zu dem Glauben verleiten, er könne seine Eltern durch eigene Gedanken und Gefühle zutiefst beeinflussen, könne sie beispielsweise töten, wenn er sich von ihnen trenne oder auch nur feindselige Gedanken gegen sie hege. In mancher Hinsicht ist der Patient eher eltern-zentriert als egozentrisch, doch sein Gefühl, im Mittelpunkt des Lebens seiner Eltern zu stehen, verführt ihn zu dem Gefühl, für jedermann von zentraler Bedeutung zu sein, sogar für Gott, den sich das Kind, wie Piaget (1929) und Freud (1927) gezeigt haben, als eine Art Verlängerung seiner Eltern vorstellt.

Ich habe in einen anderen Bezugsrahmen gestellt, was viele Kliniker und Forscher hervorgehoben haben, nämlich, daß der schizophrene Patient schwache Ich-Grenzen hat oder, in Federns (1952) Worten, nicht in der Lage ist, Ich-Grenzen zu besetzen, und daher das Selbst und die Objekte, das Innere und das Äußere, die inneren Motivationen und die von außen kommenden verwischt. Auch wenn Ruth Lidz und ich (Lidz und Lidz, 1952) vor mehr als zwanzig Jahren betont haben, das Unvermögen des Patienten, zwischen dem Selbst und anderen angemessene Grenzen auszurichten, gehe auf die Unfähigkeit der Eltern zurück, zwischen ihrem Selbst und dem Patienten Grenzen zu ziehen, so neige ich heute dazu anzunehmen, daß die tiefgehende Egozentrizität des Patienten von der Egozentrizität der Eltern herrührt. Der neue Bezugsrahmen vermag jedoch viele grundlegende schizophrene Symptome aufzuhellen und vor allem die Natur der entscheidenden kognitiven Störung zu beleuchten.

Kognitive Egozentrizität

Das Unvermögen, zwischen dem, was Selbst, und dem, was Nicht-Selbst ist, deutlich zu unterscheiden, ein für schizophrene Patienten charakteristisches Unvermögen, ist nach der Beschreibung von Piaget (1963) in noch höherem Maße charakteristisch für die Egozentrizität der *sensomotorischen* Phase der kognitiven Entwicklung in der frühen Kindheit und erstreckt sich zu einem gewissen Grad noch bis in die *präoperationale* Phase. Das Kleinkind überwindet allmählich diese primäre Egozentrizität, wenn es Objektkonstanz gewinnt und sich von der Mutter differenziert. Diese basale Egozentrizität, die vom primären Narzißmus der frühen Kindheit nicht zu trennen ist, muß überwunden werden, wenn das Kind die Fähigkeit erlangen soll, Initiative und Autonomie zu entwickeln. Dies ist für die kognitive Entwicklung von entscheidender Bedeutung, denn, wie ich bereits bemerkt habe, kann wahre Kategorienbildung erst dann Platz greifen, wenn das Selbst von den erwähnten Objekten, Erfahrungen oder Eigenschaften abgehoben werden kann. Die kindliche Entwicklung über die ödipale Bindung an die Mutter hinaus, getragen von dem Bewußtsein, daß das Leben der Mutter nicht vollständig um das Kind kreist, ist somit ein letzter Schritt auf dem Wege zur Überwindung der primären Egozentrizität, ein Schritt, der das Kind befähigt, in Piagets Stadium *konkreter Operationen* einzutreten und mit dem Kategorisieren zu beginnen.

Wenn die Aufmerksamkeit auch den beschädigten oder fehlenden Grenzen zwischen Selbst und »Objekt«-Welt beim schizophrenen Patienten galt, so liegt doch auf der Hand, daß der schizophren werdende Mensch nicht an diese sehr frühe Phase der kognitiven Entwicklung fixiert bleibt – jedenfalls nicht global. Wenn er sich von der »Objekt«-Welt niemals richtig differenziert hätte, dann wären seine Kognition und sein Sprachgebrauch wie auch seine emotionale Entwicklung so weitgehend eingeschränkt, daß er ein autistisches oder zumindest symbiotisch psychotisches Kind geblieben wäre (Mahler, 1968). Die meisten erwachsenen schizophrenen Patienten waren in der Lage, konkrete, wenn nicht auch abstrakte Kategorien zu bilden, und einige zeigten außergewöhnliche begriffliche Fähigkeiten. Doch obwohl der Patient eine höhere Schulbildung genossen haben mochte und offensichtlich kompetent kategorisierte, wie im Falle von Isaac Newton und August Strindberg, die beide schizophren wurden[10], so hatte er dennoch emotional Schwierigkeiten, sich unabhängig zu

---

[10] Es ist der Verdacht geäußert worden, Newton habe an einer Encephalopathie aufgrund einer Quecksilbervergiftung gelitten, Strindberg unter einer Absinth-Intoxikation. Im Falle von Newton kann ich nicht beurteilen, ob das Beweismaterial stichhaltig ist, doch Strindberg war ganz klar schizophren.

fühlen und seine eigenen Ziele zu verfolgen, ohne dabei von dem Gefühl beherrscht zu werden, er vernichte dadurch, daß er ein autonomes Individuum werde, einen Elternteil. Des weiteren war aufgrund der eigentümlichen Familienumwelt, in der er aufgewachsen war, und aufgrund ihrer Irrationalitäten, einschließlich der Erfordernis, seine Wahrnehmungen in Übereinstimmung mit den Bedürfnissen seiner Eltern zu verzerren, sein Sinnsystem – die Art und Weise, wie er Erfahrungen kategorisierte – nicht fest im Kategorisierungssystem der Kultur verankert. Er war eher geneigt, in ungewöhnlicher Weise zu kategorisieren, die Welt weniger konventionell wahrzunehmen (wie es auch künstlerisch kreative Menschen tun) und war überdies anfällig dafür, zum Denken in Ganzheiten oder zu präoperationalen, synkretistischen Denkweisen zu regredieren.

Das Verständnis schizophrenen Denkens erfordert folglich die Beschäftigung mit späteren Formen egozentrischer Kognition. Piaget zufolge verstärkt sich der Egozentrismus jedesmal, wenn das Kind in eine neue Phase der kognitiven Entwicklung eintritt und neue Bereiche kognitiver Tätigkeit zu meistern beginnt. Der Egozentrismus vermindert sich dann allmählich, in dem Maße, wie das Kind die neuen Bereiche beherrscht, nur um jeweils in neuer Form wieder aufzutauchen, wenn das Kind in die nächste Phase der kognitiven Entwicklung eintritt. Das präoperationale – oder prädipale und ödipale im psychoanalytischen Bezugsrahmen – Kind muß dahin gelangen, seine Wünsche von der Realität und die Worte von den Objekten, die sie repräsentieren, zu unterscheiden wie auch seinen Animismus, Artifizialismus (den Glauben, alle Objekte seien durch oder für den Menschen geschaffen) und seine magischen Kausalitätsvorstellungen zu überwinden. Das Kind im Stadium konkreter Operationen, das der sogenannten Latenzphase entspricht, lernt allmählich, daß Menschen an anderen Orten nicht die gleiche Ansicht von einem Objekt haben wie es selbst, und beginnt sich auf die Ansichten anderer einzustellen – die Entstellungen und Mißverständnisse zu überwinden, die auftreten, weil es den Standpunkt eines anderen nicht zu teilen, ja nicht einmal den Gedanken wirklich zu fassen vermag, daß andere Standpunkte überhaupt existieren. Das Kind bleibt jedoch auf die direkte Organisation unmittelbarer Erfahrungsdaten beschränkt und arbeitet sich vom Realen zum Möglichen und nicht vom Möglichen zum Realen vor.

Spezifische Relevanz für die Entwicklung schizophrener Zustände besitzt jedoch die frühzeitig in der Adoleszenz auftretende Egozentrizität, die mithin unsere Aufmerksamkeit verlangt. In der Vergangenheit ist zuviel Gewicht auf die Ereignisse der ganz frühen Kindheit gelegt worden, auf Ereignisse, die Fixierungsstellen und Regressionsneigungen festlegen, und zu wenig Gewicht auf spätere Entwicklungsprobleme, die, falls sie nicht gemeistert werden, den Damm – um bei einer von Freuds Analogien zu bleiben – aufwerfen, der den regressiven Stau des Entwicklungsflusses erzwingt.

Für gewöhnlich erreicht der schizophrene Patient die mittlere oder späte Adoleszenz, ehe er kognitiv wie auch emotional regrediert. In dieser Entwicklungsphase wird er mit psychosozialen Aufgaben konfrontiert wie Erlangung der Unabhängigkeit von seiner Familie, Lebensplan, Ich-Identität und Fähigkeit zur Intimität. Diese Entwicklungsaufgaben bringen zwangsläufig für jeden Heranwachsenden einige Schwierigkeiten mit sich, doch sie erweisen sich, wie im ersten Kapitel erörtert, für einen Menschen, der schizophren wird, aufgrund der innerfamiliären Widrigkeiten, die seine Entwicklung beeinträchtigt haben, sowie aufgrund der mit Mängeln behafteten, von den Eigentümlichkeiten und Ängsten seiner Eltern behinderten außerfamiliären Sozialisation als besonders mühselig und legen ihm ein oder mehrere unüberwindliche Hindernisse in den Weg. Er durchläuft überdies eine erhebliche kognitive Umwandlung, die in der psychoanalytischen Entwicklungstheorie und den damit zusammenhängenden psychopathologischen Konzepten häufig übersehen wird.

Etwa zur Zeit der Pubertät tritt das Kind in Piagets Stadium *formaler Operationen* oder wird, um mit Wygotsky zu sprechen, fähig zum begrifflichen Denken. Das Kind erlangt nun die Fähigkeit, reflektierend zu denken, über das Denken zu denken, und statt sich einfach vom Realen zum Möglichen zu begeben, wie es bis dahin vorging, kann es jetzt auch vom Möglichen zum Realen planen, und dabei kann es geschehen, daß es aus dem geistigen Bereich des Möglichen niemals wieder zurückkehrt. Diese Entwicklungsphase birgt die Gefahr, daß der Jugendliche sich in geistigen Operationen verliert, sich mögliche Zukünfte herbeiphantasiert und sich mögliche Welten ausmalt, ohne die zweckdienlichen Maßnahmen auf sich zu nehmen, die erforderlich sind, damit aus den Phantasien Wirklichkeit werden kann. Er steht nun unter dem Einfluß von Idealen und Ideologien sowie von bedeutenden Menschen. Es handelt sich um eine Zeit überschwenglicher Hoffnungen und Träume, zunächst noch unberührt von der Notwendigkeit, zu beweisen, daß ein Ideal sich verwirklichen läßt, oder die zur Überzeugung anderer zweckmäßigen Schritte sowie die Maßnahmen zu unternehmen, die erforderlich sind, um einen Plan in die Wirklichkeit umzusetzen. Wie Inhelder und Piaget (1958, S. 345 f.) feststellen, »durchläuft der Adoleszent eine Phase, in der er seinen eigenen Gedanken eine unbegrenzte Macht zuschreibt, so daß der Traum einer glorreichen Zukunft oder einer Weltveränderung durch Ideen (selbst wenn dieser Idealismus eine materialistische Gestalt annimmt) nicht nur eine Phantasie zu sein scheint, sondern auch eine effektive Tätigkeit, die aus sich heraus die empirische Welt verändert. Dies ist offensichtlich eine Form ›kognitiven Egozentrismus‹.« Oft sind Jahre nötig, um die Egozentrizität zu überwinden, die mit dem Einsetzen formaler Operationen zutage tritt; um zu erkennen, daß die eigenen Ideale und Ansichten über soziale Fragen niemals genau die anderer Menschen sind, daß das Ausdenken von Dingen etwas ganz anderes ist als das Überzeugen anderer und das Erarbeiten dieser Dinge in der realen Welt. Für die Jugend ist es charakteristisch, sich von hypothetischen Möglichkeiten forttragen zu lassen, im Geiste Pläne auszuarbeiten und in der Einbildung brillante Ergebnisse zu erfinden, doch das Vermögen dazu birgt auch eine Falle, in die der Verletzbare hineinstolpern kann. Der Adoleszent, der schizophren wird, geht zu weit in seinem Vertrauen auf Phantasielösungen und -befriedigungen, und er mag sogar glauben, er sei aufgrund seiner Phantasien ein außergewöhnlicher Mensch mit bemerkenswerten Errungenschaften, und dann in paranoider Weise anderen zum Vorwurf machen, daß sie seinen Wert nicht erkennen und anerkennen.

Die egozentrischen Aspekte formaler Operationen werden überwunden durch zunehmende Sozialisation, die den Jugendlichen mit Menschen in Kontakt bringt, die unterschiedliche Orientierungen und Ideale haben und ihn zur Neubewertung seiner eigenen Vorstellungen zwingen (Inhelder und Piaget, 1958, S. 346 f.). Der Dezentrierungsprozeß wird gefördert durch »Männergespräche« mit ihren endlosen Diskussionen und Argumenten, durch Eintreten in und Austreten aus Gemeinschaften und Bewegungen, die unvermeidlich zur Jugend gehören, durch Aufnehmen von Beziehungen zu neuen Freunden und durch zögernde, jedoch zunehmend intimere Beziehungen zu Angehörigen des anderen Geschlechts; doch auch durch Übernahme einer wirklichen Arbeit, bei der Leistungen zählen und nicht eingebildete Erfolge, und durch Eingehen in eine bedeutsame Liebesbeziehung, in der die Gefühle und Wünsche des Partners anerkannt und geschätzt werden; und schließlich durch Einschlagen einer Berufslaufbahn, die verläßliche Anleitungen und Rollenmodelle bereitstellt, mit deren Hilfe die Persönlichkeit sich zu konsolidieren vermag.

Ich-Diffusion

Die ersten Anzeichen, daß ein Jugendlicher in Gefahr schwebt, schizophren zu werden – seine Zukunft mithin auf Messers Schneide steht –, zeigen sich häufig dann, wenn bei ihm Ziele keine feste Form annehmen, sondern immer diffuser werden, und wenn er sich nicht für einen Lebensweg entscheiden kann, den er einschlagen möchte, und statt sich um wirkliche Leistungen und Fertigkeiten zu bemühen, weiterhin in der Welt von phantasierten Erfolgen verharrt. Natürlich haben nicht alle Ich-Diffusionen der Adoleszenz schizophrene Störungen zur Folge, doch bei manchen Jugendlichen unterbinden und behindern die Schwierigkeiten dieser Phase hinsichtlich der Sozialisation die notwendige Dezentrierung. Die mangelhafte Differenzierung von einem Elternteil, die Konfusion der Geschlechtsidentität und andere Hindernisse auf dem Wege zur Persönlichkeitsintegration, die auf das Aufwachsen in einer gestörten und Verwirrung stiftenden Familie zurückzuführen sind, blockieren jetzt die Entwicklung einer kohärenten Ich-Identität und den entscheidenden Vorgang des Erwachsenwerdens.

Ausbruch der Psychose

Obwohl der offene Ausbruch einer Psychose auf ein traumatisches Ereignis wie den Tod eines Elternteils oder die Trennung der Eltern folgen kann, scheint häufig kein besonders traumatisches Geschehen vorzuliegen. Der Patient versagt einfach bei dem Bemühen um Überwindung einer entscheidenden Entwicklungshürde. Der College-Student kann die Trennung von der Familie nicht verkraften; ein Versuch, sexuelle Intimität zu erleben, scheitert oder ist von überwältigender Angst begleitet; die Verantwortlichkeiten der Ehe oder die Isolierung als Hausfrau sind nicht zu meistern. Entwicklungsaufgaben, die andere mehr oder weniger angemessen bewältigen, sind für Menschen, die schizophren werden, aufgrund der Unzulänglichkeiten und Entstellungen des Entwicklungssettings, die wir oben erörtert haben, unübersteigbare Hindernisse. Das Individuum verfügt nicht über die innere Struktur, um die von der Familie bereitgestellte Struktur ersetzen zu können; für einen Menschen, dessen Familienhintergrund ihn nur dürftig auf die Möglichkeiten der weiteren Umwelt vorbereitet hat, setzt der Dezentrierungsprozeß zu schnell ein; andere kennen Art und Weise und das Warum des Lebens, doch der Patient, dem niemals Autonomie gestattet worden ist, gerät in Verwirrung; für jemanden, dessen Selbst-Grenzen so fließend sind, hat Intimität die drohende Bedeutung von Verschlungenwerden und von Verlust jeglichen Anscheins individueller Identität usw. Selbst das Trauma des Auseinanderbrechens der elterlichen Ehe ist aufgrund der auf den Patienten gerichteten verstärkten Erwartungen überwältigend und niederschmetternd, zumal bei einem Patienten, der sich dagegen aufgelehnt hat, lediglich Anhängsel eines Elternteils zu sein, und sich fortan bemühte, eine eigenständige Person zu werden.

Doch die unüberwindlichen Schwierigkeiten, vor denen der Jugendliche steht, ergeben sich nicht einfach aus der Entwicklungskrise, in die er sich gestürzt sieht, noch aus den unangemessenen, verzerrenden Einflüssen, welche die Entwicklung in seiner frühen Kindheit beeinträchtigt haben. Es geht nicht nur um infantile und präödipale Fixierungen, ja nicht einmal um phasenübergreifende Einflüsse, unter deren Wirkung er von der Geburt bis zur Adoleszenz stand, sondern um die niederdrückenden und verwirrenden Begleitumstände gegenwärtiger Beziehungen zu seinen signifikantesten Personen, um Beziehungen, die jede Bewegung nach vorn, jeden Fortschritt unterbinden, Hoffnungslosigkeit und nicht selten panische Angst mit sich bringen und Regression in Gang setzen. Manifeste schizophrene Reaktionen, wenngleich im Grunde Probleme der Adoleszenz und des frühen Erwachsenenlebens, brechen natürlich häufig auch später aus – doch wenn der Patient von den Problemen seiner Herkunftsfamilie nicht mehr in gleichem Maße wie früher in Anspruch genommen wird, dann hat er sie auf seinen Ehepartner oder auf welche signifikante Person auch immer übertragen.

Egozentrische kognitive Regression

Ein graduierter Student, der zu dem Zeitpunkt, da er sich von persönlichen Problemen überwältigt fühlte, an einer auf Datenverarbeitung beruhenden Methode der Vorhersage des Wildenten-Bestands arbeitete, schildert im folgenden, wie er daran zu glauben begann, daß die Ausspeicherungen des Computers ihn selbst betrafen:

»Nun, ich arbeitete daran . . . Ich versuchte Dinge vorherzusagen, und ich arbeitete viel nach dem Simulationsverfahren . . . mit Tierpopulationen . . . Und ich versuchte . . . ein auf Genetik basierendes Modell zu erarbeiten, das vorhersagen sollte, welche Abschußzeiten wir am besten einhalten, und abschießen würden . . zum Abschießen von Enten . . . auf den Genen basierend . . . die Genotypen, die sie haben. Ich arbeitete also daran. Und ich hatte die ganze Woche lang bis Freitag daran gearbeitet . . . bis Freitagabend um elf Uhr, dann ging ich zu einer Party, und ich nahm ein paar Biere zu mir. Dann . . . begann ich am nächsten Morgen weiter daran zu arbeiten, und dann drehte ich durch und verlegte mich von Enten auf Leute. Und ich plante zu . . . ich nahm . . . ich hielt mich daran . . ., sie sagten andauernd, daß . . . daß . . . daß ich einen Punkt der Labilität erreicht hätte, an dem ich . . . ich konnte nicht . . . es gab keine . . . Ich konnte keinen Weg finden, auf dem ich diesen Punkt der Labilität hinter mir lassen konnte. Äh . . . ich . . . ich versetzte mich selbst in das Modell . . . versuchte vorherzusagen, ob ich weitermachen sollte . . . bis zu einem Doktorgrad im nächsten Jahr . . . an der Universität von – . . . Ich fragte mich andauernd, ob ich heiraten sollte . . . ob ich mich in – – niederlassen sollte . . . was ich überhaupt tun sollte. Ich hatte . . . ich hatte so viele Alternativen . . . äh . . . Entscheidungen, daß ich nicht mehr ein noch aus wußte. Und dann, äh, stellte ich mir vor, daß . . . nun, ich sagte vorher, daß ich sterben würde . . . Äh, so daß ich dachte, das Modell habe recht damit, wenn es zu erkennen gebe, daß es mit der Welt zuende gehe. Doch das Modell sagte mir, ich solle niemandem über das Modell erzählen, dies werde sofort zum Chaos führen« (Reilly, Harrow und Tucker, 1973).

Zum Unvermögen des schizophren werdenden Jugendlichen, die Adoleszenz zu durchlaufen, gehört es, daß es ihm nicht gelingt, sich kognitiv zu dezentrieren. Von Hoffnungslosigkeit über die Zukunft erfüllt und daran verzweifelnd, jemals ein eigenständiger Mensch zu werden, denkt er sich immer verwickeltere Phantasielösungen aus. Der krisenhaft in Unentschlossenheit und emotionalem Aufruhr verfangene schizophrene Mensch steigert sich in akuteren Zwangslagen bis zur Übereifrigkeit bei seinen Bemühungen um Problemlösungen und beginnt in pathologischer Egozentrizität alles und jedes auf sich selbst zu beziehen. Sein übereifriges Bemühen ist geprägt von seinen physiologischen Angstreaktionen – der Stimulierung des autonomen Nervensystems und des verstärkten Adrenalinausstoßes, der die Reizschwelle des retikulären Aktivierungssystems herabsetzt. Er findet überall Bezüge zu seiner mißlichen Lage und glaubt an die Aussagekraft zufälliger Ereignisse. Entscheidungsunfähig und vielleicht sogar unfähig, sich eine bestimmte eindeutige Zukunft vorzustellen, gibt er seine Bemühungen auf, sich zu lenken und zu steuern, und verfällt in Passivität. Er verzichtet auf Selbstkontrolle und sucht erneut nach Abhängigkeit; und wenn andere ihm keine Problemlösung und Anleitung bieten, dann überläßt er sich dem Glauben, er könne sie in kryptischen Botschaften und symbolischen Handlungen finden. Er regrediert kognitiv wie auch »libidinös« und emotional, wobei frühere Formen egozentrischer Kognition auftauchen. Obwohl durch zeitliches Auftreten und durch die im Laufe der Entwicklung erworbenen kognitiven Fähigkeiten unterschieden, haben alle Formen des Egozentrismus das gemeinsame Merkmal, daß der Betreffende auf die »Allmacht der Gedanken« vertraut – ein unbewußter Glaube an die Wirkungsmächtigkeit des Denkens. Der Schizophrene kann erneut dem Wunsch Vorrang geben vor der Realität, kann glauben, das Wort sei gleichbedeutend mit dem jeweiligen Objekt, das Bezeichnende mit dem Bezeichneten, kann denken, daß Gedanken verletzen können, daß er selbst im Mittelpunkt aller Ereignisse steht. Er verliert die Fähigkeit, sich klarzumachen, daß Erfahrung zufällige Ereignisse enthält; noch spezifischer mag er sich dem Glauben überlassen, daß alles, was geschieht, nur deswegen geschieht, um ihn zu treffen, oder daß alles Geschehen das Ergebnis seiner Wünsche und Gefühle ist. Bis zu einem gewissen Grad wird er sogar noch tiefer regredieren und wie ein Kind der frühen präödipalen Phase das Selbst und das Nicht-Selbst, das, was in ihm selbst auftaucht, und das, was von außen auf ihn zukommt, miteinander vermengen. Die Folgen sind weitreichend und verheerend. Die Kategorien, die er entwickelt, sind nunmehr ernstlich beeinträchtigt; sie lassen unangebrachte Assoziationen eindringen, die sein Denken und seine Kommunikation aus den Gleisen werfen. Das Denken wird vorbegrifflich, in einigen Fällen sogar synkretistisch, und erlaubt dem Patienten, alles räumlich oder zeitlich Angrenzende miteinander zu verknüpfen und auf diese Weise seine egozentrischen Entstellungen immer wieder zu rechtfertigen.

In dem Bemühen, mit einer ganzen derartigen Erfahrung fertigzuwerden, schrieb eine Frau über den Ausbruch ihrer Psychose. Sie führte eine unbefriedigende Ehe. Ihr Mann hatte ihr geraten, sich auf andere Liebesaffären einzulassen, um ihm als Sexualpartner besser genügen zu können. Um ihre Beziehung zu verbessern, schlossen sie sich einer »Paar-Gruppe« an, und die Patientin hoffte bei der Therapeutin, die die Gruppe führte, eine Lösung für ihre Probleme zu finden. Aus ihrem längeren Bericht habe ich einige Passagen ausgewählt:

Gedanken schwirren mir durch den Kopf, und alles, Objekte, Klänge, Ereignisse usw. bekommen für mich eine besondere Bedeutung. Kindheitsgefühle kehren zurück, während Symbole und Fetzen früherer Unterhaltungen mir durch den Kopf gehen: Ich hatte das Gefühl, als setzte ich die Teile eines Puzzlespiels zusammen ... Ich fing an, daran zu denken, daß Dr. W. mein Kinderarzt gewesen war, als ich im Alter von vier Jahren mit meiner Familie in Hartford gelebt hatte; daß Fr. Morris (die Gruppentherapeutin) im Kindergarten, den mein Bruder besucht hatte, Kindergärtnerin gewesen war. Ich begann mir vorzustellen, ich sei hypnotisiert, damit ich mich daran erinnern könnte, was in den ersten viereinhalb Jahren meines Lebens alles geschehen war. Ich dachte, meine Eltern hätten irgend jemandem – vielleicht meinem Mann – von der Kindergärtnerin und dem Kinderarzt erzählt, in der Hoffnung, ich würde mich aufrichten können, wenn ich mich an die ersten Lebensjahre erinnerte.
Mehr und mehr hatte ich das Gefühl, ich sei hypnotisiert worden, überall im Haus seien heimlich Mikrophone angebracht worden, jedermann biete mir Hilfe an und gebe mir eine Chance, diese schwere Prüfung durchzustehen. Damals dachte ich sogar, mein Mann hätte sich an dem Komplott, mich zu »retten«, beteiligt. Die älteste Tochter unserer Nachbarn kam, wie es schien, vorbei, um zu sehen, wie es mir ging; ich dachte, alle meine Nachbarn seien eingeweiht und wüßten, was vor sich ging, und beschützten mich.
Ich erinnere mich, wie ich einem Freund erklärte, ich könnte alles tun, was ich mir erstrebte, wenn nur alles umgekrempelt werden könnte, wenn jeder mir hülfe und meine Partei ergriffe, so daß ich keine Angst mehr zu haben brauchte, geächtet und ausgestoßen zu werden. Ich glaubte auch, jeder könne sein eigenes Bild von Größe werden, wenn ich nur wolle. Mir kam der Gedanke, irgend etwas, das ich im Radio gehört hatte, sei eine Botschaft an mich; daß die Zeitschrift *Time* einen Artikel veröffentlicht hätte, der für mich bestimmt sei. Alles nahm zunehmend einen symbolischen Charakter an ... der *Time*-Artikel handelte von der gegenwärtigen Sexualität und den Sitten. Ich erklärte, eine gewisse Gruppe ver-

suche herauszufinden, welches der Unterschied zwischen einem guten und einem schlechten Orgasmus sei, und meinte, der eine führe dazu, daß der Mensch sich gut, der andere, daß er sich schlecht fühle. »Aha«, sagte ich mir, »könnte es sein, daß...?« Da unsere Ehe notgedrungen auf der Grundlage unserer sexuellen Beziehung zu beruhen schien, war der Zeitschriftenartikel höchst zutreffend. Ich hatte mich danach häufig »schlecht« gefühlt. Meine älteste Tochter schrieb mit meiner Hilfe einige Valentinsgrüße. Wir schnitten Herzen aus. Später wurden die Herzen in meiner Vorstellung zu blutigen wie auch zu Liebesherzen... Ich wollte ihn (einen Mann) bitten, mir zu helfen, weil mir klar wurde, daß ich nicht in der Verfassung war, einen Wagen zu steuern. Doch ich konnte ihn nicht bitten. Ich dachte, dieser Mann sei auch an dem Komplott beteiligt. Ich hatte das Gefühl, daß »sie« wollten, ich solle mich in einer bestimmten Weise verhalten. Symbole und Ereignisse schienen mir anzudeuten, wie ich mich verhalten sollte. Auf dem Weg zum Einkaufen bekam mein Wagen einen Plattfuß. Ich dachte, auch dies sei geplant... (Bowers, 1973).

Der interkategoriale Bereich

Mit der Regression zu frühen Formen egozentrischen Denkens und der gleichzeitigen Ausschaltung kategorialen Denkens kommt eine weitere Quelle schizophrenen Denkens und Verhaltens zum Vorschein. Wie ich weiter oben erläutert habe, ist die Erfahrung eines Menschen etwas Kontinuierliches, das jedoch durch Kategorien in gesonderte Einheiten aufgeteilt wird, in Einheiten, von denen man in Sprache und Denken symbolischen Gebrauch machen kann. Um Kategorien zu bilden, werden zwischen den Kategorien Grenzen errichtet oder Lücken ausgespart, indem das, was dazwischen liegt, verdrängt oder mit einem Tabu belegt wird. Wie Edmund Leach (1966) hervorgehoben hat, ist die Differenzierung zwischen Selbst und Nicht-Selbst für alle weitere Kategorienbildung grundlegend, und sie ist von so entscheidender Bedeutung, daß jede Kultur zugunsten stabiler Ich-Grenzen alles, was gleichzeitig Selbst und Nicht-Selbst ist, und alle Körpersekretionen und -exkretionen (ausgenommen Tränen), die Teil des Selbst sind, zum Nicht-Selbst wird, mit einem Tabu belegt hat. Solche basalen Bedürfnisse und nicht mehr oder weniger beliebige Moralauffassungen erfordern die Verdrängung von Dingen wie Verschmelzung von Kind und Mutter im Akt des Brustgebens, das Angewiesensein des Kindes auf die Mutter zum Zwecke der Körperpflege wie beim Baden oder Exkrementieren und später Phantasien über die Vereinigung in Inzesthandlungen. Es besteht ein ähnliches, wenngleich nicht so tiefgehendes Bedürfnis, alles, was zwischen den Kategorien von Mann und Frau liegt, wie Homosexualität und Intersexualität, mit Tabus zu belegen oder der Verdrängung anheimzugeben, um auf diese Weise die Auflösung einer Kategorie zu verhindern, auf der ein so großer Teil der Erfahrungsauswahl beruht. Genau in diesen Dingen, nämlich bei der Abgrenzung von Selbst und Nicht-Selbst, von Eltern und Kind, von Männlichkeit und Weiblichkeit, sind die Eltern schizophrener Patienten ganz besonders unzulänglich.

Bei Eintritt kognitiver und emotionaler Regression kann der Schizophrene aufgrund mangelhafter Verdrängungen in seinen frühen Lebensjahren von Material in Anspruch genommen und beherrscht werden, das *zwischen den Kategorien liegt,* vor allem von *interkategorialen* Phantasien, die Verschmelzungen von Selbst und Mutter zum Inhalt haben, von »polymorph perversen« Phantasien, welche die Genitalien und andere Körperöffnungen durcheinanderwerfen, von kannibalistischen Impulsen, von Vorstellungen über Geschlechtsumwandlungen und anderen derartigen Gedanken und Gefühlen, die beim Heranwachsen des Kindes durch Verdrängungen im Dienste der Sozialisation vom Bewußtsein ferngehalten werden und die kaum bewußte Repräsentanz besitzen, da für dergleichen Vorstellungen keine scharf umrissenen Kategorien bestehen. In diesem interkategorialen Bereich verbringen manche schizophrenen Patienten einen großen Teil ihrer Zeit – in einer Welt, in die vorzudringen Therapeuten große Schwierigkeiten haben, und in die sie nur flüchtige Blicke werfen können, die jedoch in die Sprache und in die Assoziationen des Patienten wie von einem anderen Stern einbricht. Es handelt sich nicht einfach um den Einbruch einer internalisierten Variante der Realität, die unserer in etwa ähnelt, sondern vielmehr um eine Unterwelt, eine antipodische Welt, zusammengesetzt aus Bestandteilen, die wir sogar aus den meisten Phantasien und vielleicht sogar aus den Träumen fernzuhalten gelernt haben. So schilderte eine College-Studentin, die nach einer Schuldgefühle und Selbstzweifel auslösenden Zeit des Experimentierens mit Sex und Drogen akut psychotisch wurde, wie sie unter anderem allmählich »von der Vorstellung beherrscht wurde, ich würde mich einer auf Geschlechtsumwandlung abzielenden Operation unterziehen. Vielleicht war ich ein Junge, der in einem Frauenkörper steckte ... Ich dachte, mein Vater wäre der Teufel und wollte mit mir Verkehr haben ... Ich glaubte, ich müßte meine Schwester auffressen und in meinen Magen stopfen ...« (Bowers, 1973). Der Einbruch derart primitiven Materials in das Bewußtsein des schizophrenen Patienten ist konventionell als »Primärprozeß-Einbruch« bezeichnet worden und wird für gewöhnlich als Indiz für die Unfähigkeit des Patienten gewertet, libidinöse und aggressive Triebregungen zu zügeln. Ich glaube jedoch, daß eine Erklärung zutreffender ist, die das Versagen berücksichtigt, Grenzen und wesentliche Kategorien beizubehalten. Doch unabhängig davon, wie tief die Regression ist, der Patient ist kein Kleinkind, nicht einmal ein Kind, und ein Großteil dessen, was er kognitiv erworben hat, bleibt ihm verfügbar und schränkt mithin das Ausmaß der kognitiven Störung ein. Die erhaltenen Fähigkeiten erklären auch den wechselhaften Charakter der Denkstörung, desgleichen auch ihr sporadisches Auftreten, und machen außerdem verständlich, warum der Patient in einigen Bereichen und unter bestimmten Bedingungen seine Funktionstüchtigkeit weiterhin erhalten kann. Überdies geht das einmal Erworbene nicht für immer verloren, muß es jedenfalls nicht.

Paranoide Systematisierungen

Das weitgehend aus Gefühlen, Impulsen und Bildvorstellungen bestehende interkategoriale Material ist vermutlich höchst diffus und unorganisiert. Auf dem anderen Ende der Skala organisieren sich paranoide Überzeugungen, mögen sie sich zu Beginn auch oft als fließende Beziehungsideen äußern, häufig immer mehr zu pseudologischen Systemen. Wie ich weiter oben erläutert habe, sind paranoide Wahnvorstellungen insofern Manifestationen der egozentrischen kognitiven Regression des Patienten, als er glaubt, er sei der Bezugspunkt zufälliger Ereignisse oder er könne durch seine Gedanken andere beeinflussen. Der Wahninhalt ist häufig ein weiterer Aspekt der niedergerissenen Selbstgrenzen – bei dem es sich um Projektionen seiner verdrängten Sexual- und Aggressionsgefühle auf andere handelt –, das heißt ein Unvermögen, zwischen dem, was innerhalb des Selbst, und dem, was in der Außenwelt auftaucht, zu differenzieren. Es führte jedoch in die Irre, alle Wahnideen und Halluzinationen als Projektionen unannehmbarer Impulse und Wünsche anzusehen. Mit einigen Wahnideen und Halluzinationen soll über dem Weg von projizierten Strafdrohungen verhindert werden, daß der Betreffende derartigen Impulsen nachgibt. Überich-Diktate, die nicht auszureichen scheinen, das Selbst unter Kontrolle zu halten, werden auf die Umwelt projiziert, das heißt, nur mangelhaft internalisierte Elternintrojekte werden extrojiziert, um sich auf diese Weise Beistand gegen gefährliche Impulse zu verschaffen. August Strindberg, der unglaublich scharfe Beobachter seines Unbewußten, machte die Erfahrung, daß ihn Stimmen bedrohten und Elektromaschinen auf ihm spielten, wenn er sich Gott widersetzte und sich auf grandiose Weise über Vaterfiguren erhob, und er hielt Halluzinationen von sich fern, indem er sich blasphemischer Gedanken enthielt (Strindberg, 1897). Wir müssen uns noch mit einer weiteren Quelle paranoider Glaubenssysteme beschäftigen. Wie wir festgestellt haben, bestehen Eltern schizophrener Patienten häufig darauf, daß der Patient so wahrnimmt, wie es den Bedürfnissen der Eltern entspricht. Die uneingeschränkte Übernahme derartiger Vorstellungen kann Wahnbildung erforderlich machen. Wenn uns beispielsweise ein junger Mann erklärt: »Das einzige, dessen ich sicher sein kann, ist, daß meine Mutter mich liebt«, dann weiß ich, daß er einen großen Teil seiner Erfahrung entstellen muß, um diesen Grundsatz aufrechterhalten zu können. Seine Mutter hat mir nämlich klar zu verstehen gegeben, daß sie ihn nur unter gewissen Vorbehalten lieben könne und daß sie in der Tat lieber wünschte, er wäre tot, als wenn er ein Alkoholiker wie ihr Vater würde. Paranoide Wahnvorstellungen sind tatsächlich bisweilen Übertragungen elterlicher Feindseligkeit auf andere Menschen und keine Projektionen.[11]

Wahnbildung kann, wie Freud feststellte, restitutiv sein. Wenngleich Ich-Funktionen wiederherstellend, so kennzeichnet Wahnbildung gleichzeitig auch eine Wendung zur Chronizität. Nach einer Phase der Überaktivität, in welcher der Patient unter unerträglicher und desorganisierender Angst leidet, findet er in einer Wahnvorstellung eine Erklärung für sein Dilemma – der Grund liegt darin, daß irgend jemand ihn zur Homosexualität verführen will oder daß Leute ihm das Wissen vorzuenthalten suchen, daß er krebskrank ist –, und alle Dinge scheinen an den richtigen Platz zu rücken. Obgleich die Erklärung erschreckend ist, so ist sie doch auch verständlich, etwas Handgreifliches, etwas, das außerhalb und nicht innerhalb des Selbst liegt und gegen das man sich folglich zur Wehr setzen kann. Das Denken organisiert sich wieder, die

---

[11] Wie zum Beispiel Schrebers Wahnvorstellungen, Dr. Flechsig, eine Vaterfigur, verfolge ihn, die Grausamkeit seines wirklichen Vaters widerspiegelt (Freud, 1911).

Wortbedeutungen sind, aufgrund des synkretistischen Denkens, nicht mehr notgedrungen diffus, noch muß die Syntax weiterhin verworren sein. Statt dessen ist infolge der Übernahme der als Erklärung dienenden Wahnidee die Logik verzerrt, und das wiederum kann, allerdings nicht notwendigerweise, die fortschreitende Ausweitung zu einem Wahnsystem erforderlich machen.

Aufgrund der verschiedenen Ursprünge von Wahnvorstellungen lassen sich nicht alle Formen schizophrenen Denkens in gleicher Weise erklären. Verschiedene sekundäre Entwicklungen gestalten das Bild noch komplizierter. Rigide stilistische Abwehrmaßnahmen gegen das Wiedererleben unerträglicher Emotionen können offenkundigere Desorganisationen von Sprache und Denken kaschieren und sogar ersetzen.

Linguistische Abwehren chronischer Patienten

Der chronische Patient kann die Sprache dazu verwenden, etwas, das er »im Sinn« hat, anzuzeigen, ohne es in eine kommunikative Form zu gießen. Da derartige Gedanken wahrscheinlich höchst visuell sind, können die verbalen Äußerungen nicht nur analogisch und metaphorisch werden, sondern auch allzu individualistisch, um verständlich zu sein. Derartiger Sprachgebrauch wird durch soziale Isolierung begünstigt – und der Sprachstil dient als Mittel des Selbstschutzes, denn er ermöglicht es dem Patienten, sich reagierend zu äußern und dennoch zu verbergen, was er eigentlich meint (Lorenz, 1955). Lorenz hat drei Arten schizophrener Sprachabwehren beschrieben und an Beispielen erläutert: Mehrdeutigkeit, Wörtlichnehmen und verschiedene Formen der Stereotypie. Viele chronische Patienten beherrschen die Mehrdeutigkeit, die es ihnen gestattete, ständig auszuweichen und sich unter der Maske des auf Fragen Antwortenden jeglicher Verpflichtung zu entziehen.[12] Thema der Kommunikationen sind unausweichlich Selbstbeobachtungen (Lorenz, 1963, S. 236). Wir können sagen, daß der Patient auch in diesem Bereich egozentrisch bleibt. Zur Abwehr des Wörtlichnehmens gehört ein Konzentrieren auf den wortwörtlichen oder vorstellungsfähigen Aspekt des Wortes, um auf diese Weise die konnotative, einen persönlichen Gefühlston vermittelnde Qualität des Wortes zu

---

[12] So antwortete ein Patient auf die Frage: »Sind Sie ein guter Koch?« mit den Worten: »Das hängt davon ab, in welchem Haus ich koche. Offensichtlich muß ich hierher kommen um zu spielen. Nein, ich habe keine Träume. Sie haben das *Ladies Home Journal* aus meinem Zimmer genommen, und ich habe keine Träume gehabt« (Lorenz, 1961). Das ist beileibe nicht sinnlos – verrückt vielleicht, aber nicht absurd.

vermeiden. Die »Kommunikation« kann sich um ein einzelnes Wort bewegen, das wiederholt wortwörtlich benutzt oder in seine Bestandteile zerlegt wird.[13] Der Patient greift auch zu Stereotypie und wörtlicher Verwendung von Metaphern, um tatsächlicher Kommunikation oder den Emotionen, die sie auslösen kann, aus dem Wege zu gehen.

Weil die Sprache, die sich aus dem Gebrauch dieser verschiedenen linguistischen Abwehren ergibt, häufig konkret ist, hat man sie irrtümlicherweise als Beweis dafür genommen, daß schizophrene Patienten unfähig sind, abstrakt zu denken. Wenn sie absichtlich als Möglichkeit des Ausweichens eingesetzt wird, dann deutet die Sprache jedoch tatsächlich auf die Fähigkeit des Patienten hin, sich auf hohem Abstraktionsgrad zu bewegen. Aufgrund sorgfältiger Untersuchung solcher Kommunikationsformen haben wir erkannt, daß es einer ausgeprägten Fähigkeit zu kategorisieren bedarf, um gewisse Kategorien derart umsichtig vermeiden zu können (Lorenz, 1961). Bei vielen chronisch schizophrenen Patienten ist das Denken nicht mehr übermäßig überinklusiv, denn bei ihnen hat sich in wechselndem Ausmaß eine restitutive Neuorganisation vollzogen, doch die kognitive Egozentrizität mit zumindest einigen Aspekten magischen Denkens ist bestehen geblieben. Selbst als Strindberg von den Jahren verheerender schizophrener Desorganisation offensichtlich genesen war und erneut einer der originellsten Dramatiker wurde, den die Welt je gesehen hat, und auch zu einer Zeit, als seine dritte Frau ihn nicht für psychisch krank hielt, selbst da lassen seine Briefe erkennen, daß er sich häufig von projizierten Kontrollmächten motiviert fühlte; so war er auch unfähig, mit seiner Frau an Tagen auszureiten, wenn die »Mächte« mit Gefahr drohten (Bosse, 1901–1904, S. 92 f.).

Ob schizophrene Patienten begrifflich oder abstrakt und weniger konkret denken oder ob sie »Szenenausschnitte« behalten können, das sind Fragen, die in abgewandelter Form immer wieder in der Literatur über schizophrenes Denken und Sprechen auftauchen. Die Dichotomie des »Entweder-oder« ist ein Überrest der Auffassung, die Denkstörung sei Ergebnis einer Hirnschädigung oder -dysfunktion. Feststehen dürfte, daß die Patienten die potentielle Fähigkeit zu begrifflichem oder »abstraktem« Denken nicht verloren haben. Das Problem liegt in den Umständen, unter denen das Individuum kohärent denken kann, und in den Umständen, unter denen sein Denken

---

[13] Wenn etwa das Wort »Zufriedensein« entsprechend seinen Bestandteilen definiert wird: »Zu«, »Frieden« und sein« (engl. Beispiel: »contentment« = »content«, »men« und »t-tea«. Lorenz, 1961).

egozentrisch überinklusiv wird. Gründliche Prüfung des Einflusses spezifischer Umstände auf das Denken des Patienten vermag nützliche therapeutische Wege zu weisen.

Zusammenfassung

Im zweiten Kapitel habe ich mich vor allem mit der Natur und dem Ursprung der Denkstörung beschäftigt, die das entscheidende Merkmal schizophrener Zustände bildet. Aus Gründen, die ich im vorausgegangenen Kapitel erläuterte, mißlingt es dem Menschen, der schizophren wird, die verschiedenen Entwicklungsaufgaben der Adoleszenz zu bewältigen, einschließlich der für diese Periode charakteristischen kognitiven Egozentrizität. Auf der Suche nach einem Ausweg aus seiner Hoffnungslosigkeit, jemals Autonomie zu erlangen, und in unauflösbaren Dilemmas verfangen, wird sein Denken egozentrisch überinklusiv, insofern er glaubt, daß zufällige Ereignisse sich auf ihn beziehen und daß er unzusammenhängende oder zufallsbedingte Begebenheiten beeinflussen kann. Er findet dann eine Scheinlösung seiner Schwierigkeiten, indem er zu Denkformen der frühen Kindheit, welche die Realität persönlichen Bedürfnissen und Wünschen unterwerfen, und sogar zu einem Denken regrediert, das nicht in der Lage ist, zwischen dem, was innerhalb des Selbst, und dem, was in anderen auftaucht, zu differenzieren. Das Wiederbeleben solch früher Formen egozentrischer Kognition im Verein mit der Ausschaltung der Kategorienbildung gestattet das Aufsuchen eines Lebensraumes im interkategorialen Bereich, wobei es zu Konfusionen der Geschlechtsidentität, zu Verschmelzungsideen mit der Mutter, zu infantiler Abhängigkeit, zu polymorph perversen Phantasien usw. kommt.

Ich habe die egozentrische kognitive Regression des Patienten und den Zusammenbruch seiner Kategorien in Verbindung gebracht mit der Egozentrizität und den narzißtischen Bedürfnissen seiner Eltern, habe allerdings auch klar zum Ausdruck gebracht, daß die schizophrene Störung des Patienten nicht allein den kognitiven Stilen der Eltern zugeschrieben werden kann. Die egozentrischen Bedürfnisse der Eltern, die das Kind zu kognitiven Verzerrungen zwingen, während sie gleichzeitig die Entwicklung angemessener Grenzen zwischen Eltern und Kind verhindern wie auch Double-binds herstellen und das Familienmilieu anderweitig beeinträchtigen, diese Bedürfnisse scheinen jedoch für die Entwicklung einer schizophrenen Störung entscheidender zu sein als einige andere Formen emotionaler Unzulänglichkeit.

3. Therapie

Die Entwicklung der beruhigenden und ruhigstellenden Psychopharmaka (Tranquilizer), die neuen Konzepte der Milieutherapie und die Untersuchungen über die Familienumwelt, in der die Patienten heranwachsen, lassen für die Zukunft tiefgreifende Änderungen im Leben schizophrener Patienten erkennen. Tranquilizer und Milieutherapie beseitigen keineswegs das Bedürfnis nach Psychotherapie und den damit erstrebten Änderungen, die unumgänglich sind, soll der Patient in die Lage versetzt werden, ein stabiles und zufriedenstellendes Leben zu führen; doch sie haben die praktischen Anwendungsmöglichkeiten der Psychotherapie erweitert und ihre Erfolgsaussichten vergrößert.

In keinem Bereich der Medizin hat sich deutlicher herausgestellt als im Fall der Schizophrenie, daß die Hypothesen über die Natur und den Ursprung eines Zustandes die Behandlung beeinflussen. Der Glaube an dämonische Besessenheit und Zauberei führte zu Exorzismus und Hinrichtung auf dem Scheiterhaufen. Die als Tatsache hingenommene vorgefaßte Meinung, solche Patienten litten unter einer unbekannten, das Gehirn beeinträchtigenden Krankheit war zu einem großen Maß dafür verantwortlich, daß Generationen von Patienten dazu verurteilt wurden, in Verwahrungsinstitutionen abgeschoben und damit der Vernachlässigung anheimgegeben zu werden, und sie war der Grund für die Schädigung zahlloser Hirne durch die Behandlung mit Insulin, Cardiazol, Elektroschocks und Lobotomie. Die Auffassung von Jung (1909) und Bleuler (1911), die von ihnen beschriebenen psychischen Störungen seien sekundäre Erscheinungen einer ihnen zugrunde liegenden toxischen Störung, sowie Freuds Ansicht (1914), die narzißtische Fixierung und Regression des schizophrenen Patienten ließen eine Übertragungsbeziehung nicht zu, gaben den Psychoanalytikern die Überzeugung ein, solche Patienten seien ihrer Methode nicht zugänglich. Als Sullivan (1931–1932), Fromm-Reichmann (1939) und Hill (1955) nachwiesen, daß Übertragungsbeziehungen sich auch in solchen Fällen sehr wohl herstellen lassen, da legten viele andere Analytiker Skepsis und sogar Geringschätzung an den Tag, weil die Tatsache ihren akzeptierten Grundsätzen zuwiderlief. Die Theorie, schizophrene Reaktionen seien wie die meisten tiefgreifenden Regressionen auf Fixierungen während der oralen Phase zurückzuführen, hatte zur Folge, daß man sich auf mütterliche Ablehnung während der Säuglingszeit konzentrierte, und das wiederum brachte einige Therapeuten zu der Ansicht, die nachträgliche Versorgung mit nährender Liebe, die der Patient als Kleinkind vermißt hatte, bilde den Eckstein der Therapie.

In der gängigen Praxis, schizophrene Störungen in prozeßhafte und reaktive Formen oder in schizophrene und schizophreniforme Psychosen zu unterteilen (Langfeldt, 1953), kommt der Versuch zum Ausdruck, trotz der Tatsache, daß viele Patienten spontane Remissionen haben oder auf Psychotherapie gut ansprechen, den Glauben an eine »organische« Ätiologie beizubehalten. Darin spiegelt sich die Überzeugung wider, daß Menschen, die an einer echten Schizophrenie leiden, durch die verschiedenen Formen der Psychotherapie, einschließlich der Milieutherapie, nicht wirksam behandelt werden können. Zu solchen Konzepten wird häufig gegriffen, um den Mangel an therapeutischer Arbeit mit sehr gestörten oder störenden Patienten zu entschuldigen und eine Erklärung dafür anzubieten, warum man sich allein auf die Behandlung mit Neuroleptika (Phenotiazin-Derivate u. a.) verläßt, denn vor der Entdeckung der spezifischen Ursache und der Heilungsmöglichkeiten der Schizophrenie leisteten tranquilisierende Drogen alles, was man erwarten konnte: Sie stellten den Patienten leidlich ruhig und ermöglichten vielen, zu Hause zu leben.[1]

Die Unterschiede in der Schwere der beeinträchtigenden und verzerrenden Einflüsse der Familie, in der die Patienten aufwachsen, die Gradunterschiede der vereinnahmenden Egozentrizität der Eltern und das unterschiedliche Ausmaß an Intensität, mit der die fehlerhaften elterlichen Kommunikationsstile das Familienleben beherrschen, all diese Faktoren reichen zur Erklärung der diagnostischen Unterschiede bei den Patienten völlig aus. Die Untersuchungen der Vorgeschichte der Patienten lassen erwarten, daß wir es mit einem diagnostischen Kontinuum zu tun haben, das sich von einer theoretischen Störung, die durch und durch entwicklungsbedingt ist, bis zu einer reaktiven und regressiven Störung erstreckt. Auf der die Entwicklung betreffenden Seite des Kontinuums haben wir

[1] Die Klassifizierung in gutartig und bösartig prämorbide Patienten wäre sinnvoller, wenn sie nicht dazu verwandt würde, die Patienten in zwei Gruppen aufzuteilen – häufig mit einem Anklang an die Unterteilung in »prozeßhafte« und »reaktive« Formen, obwohl zwischen beiden theoretische Unterschiede bestehen. Alle siebzehn Patienten unserer Hauptuntersuchung des Familiensettings würden zu Recht unter die Gruppe der »bösartig prämorbiden« Patienten fallen, und dennoch hatte sich mehr als die Hälfte äußerst gut gehalten.

Patienten, die die Adoleszenz nicht zu durchlaufen vermochten und denen es damit nicht gelang, eine für autonome Individuen unerläßliche Integration zu erreichen. Die regressive Seite umfaßt Patienten, die sich zwar Unabhängigkeit von der elterlichen Familie erwarben, bei denen sich aber eine Regression vollzog, weil spezifische Entwicklungsschäden oder Fixierungen das Unvermögen hinterließen, mit bestimmten Formen belastungsreicher Beziehungen fertigzuwerden – wobei auf der genau entgegengesetzten Seite jene Patienten stehen, die in extremen Belastungssituationen wie in einem militärischen Gefecht unter einer akuten Desorganisation zusammenbrechen. Wie im vorangegangenen Kapitel erläutert, handelt es sich bei den üblichen Vorläufern schizophrener Desorganisation – Trennung von zu Hause, Tod eines Elternteils, das bevorstehende Auseinandergehen der Eltern usw. – nicht um ungewöhnliche traumatische Ereignisse, sondern um gewöhnliche Episoden eines Lebenszyklus, mit denen der Patient nicht fertigwerden kann, weil Entwicklungsstörungen ihn verletzlich und anfällig gemacht haben. Doch je reaktiv-regressiver die Störung, desto größer ist die Wahrscheinlichkeit, daß die Zeit, veränderte Umstände und eine therapeutische Behandlung dabei helfen können, die zuvor erreichten Funktionsebenen wiederherzustellen und womöglich die integrativen und adaptiven Fähigkeiten des Patienten zu stärken.[2]

Je nachdem, ob die Schwierigkeiten des Patienten eher entwicklungsmäßiger oder reaktiv-regressiver Natur sind, und je nach dem Stadium seiner Störung wird die Behandlung unterschiedlich ausfallen. Der von einer akuten schizophrenen Desorganisation bedrohte Patient benötigt Beistand, Schutz und Absonderung sowie die Verabreichung beruhigender Psychopharmaka, um auf diese Weise die physiologische Belastung und die desorganisierenden Auswirkungen der Panik zu mildern; der mühsam nach Reorganisation suchende Patient ist auf Maßnahmen angewiesen, die einem Rückzug in wahnhafte Erklärungen für sein Dilemma entgegenwirken; der Widerstand des chronischen Patienten gegen die Wiederaufnahme zwischenmenschlicher Beziehungen erfordert für gewöhnlich vom Therapeuten ein geduldiges Bemühen um eine sinnvolle

[2] Da die Auffassung, tiefgehende Regression deute auf frühe infantile Fixierungen hin, therapeutische Bemühungen häufig nachteilig beeinflußt hat, möchte ich an dieser Stelle betonen, daß das Ausmaß der Regression nur geringen prognostischen Wert besitzt: obwohl am weitesten regrediert, haben katatone Patienten von allen Typen schizophrener Patienten die beste Prognose, und Patienten mit starrem paranoiden Wahnsystem sind, obwohl in ihrem Verhalten am wenigsten regrediert, am resistentesten gegen Behandlung.

therapeutische Beziehung usw. Das therapeutische Vorgehen variiert beträchtlich, nicht nur entsprechend den Lebensumständen des jeweiligen Patienten, sondern auch je nach Persönlichkeit und Geschick des Therapeuten. Bei den folgenden Erörterungen muß ich mich jedoch häufig auf die Fähigkeit des Lesers verlassen, die Umstände und Zustände, auf die sich meine Bemerkungen beziehen, richtig beurteilen zu können.

Material für ein psychotherapeutisches Vorgehen

Die nächstliegende Konsequenz der Familienuntersuchungen und die sich aus ihnen ergebende Theorie, der ich mich im folgenden zuwenden möchte, erscheinen ziemlich trivial, doch ich glaube, daß sie von erheblicher therapeutischer Tragweite sind. Und zwar geht es einfach darum, daß der Therapeut sicher sein kann, daß er für eine psychotherapeutische Arbeit genügend greifbares Material finden wird. Er kann sich von der Befürchtung freimachen, er habe es mit einem geheimnisvollen Stoffwechselleiden zu tun und mühe sich vergeblich mit sekundären Krankheitsbildern ab – Zweifel und Befürchtungen, die von einer langen Tradition und von dem beständigen Strom wissenschaftlicher Artikel, welche die Entdeckung irgendeiner neuen Stoffwechselstörung bekanntgeben, bestärkt und genährt werden und für die der Therapeut aufgrund der entmutigenden Rückschläge, die unvermeidlich zur Arbeit mit schizophrenen Patienten gehören, besonders empfänglich ist. Des weiteren kann der Therapeut sicher sein, daß die Probleme des schizophrenen Patienten weder außerhalb der Reichweite eines psychotherapeutischen Vorgehens liegen, noch daß sie erst nach langwieriger Analyse zugänglich werden, weil das signifikante Material die ersten beiden Lebensjahre betrifft. Ein gehöriges Maß an Sicherheit ist von entscheidender Bedeutung, weil der Therapeut einen Menschen, der die Hoffnung aufgegeben hat, mit der Welt und den in ihr Lebenden fertigwerden zu können, mit einem belebenden Schimmer von Hoffnung erfüllen muß; der schizophrene Patient ist gewöhnlich empfindlich gegenüber vorgetäuschter Überzeugung.
Der Therapeut hat auch allen Anlaß, zuversichtlich zu sein, daß er trotz der Tatsache, daß die psychische Dynamik des Patienten unter Umständen schwer zu entwirren ist, ausreichend Material zur Herstellung einer therapeutischen Beziehung ans Licht fördern wird, denn für gewöhnlich sind einige Hinweise ziemlich auffällig für jemanden, der sie zu sehen und zu hören vermag.

Nehmen wir als Beispiel einen siebzehnjährigen Schüler einer aufs College vorbereitenden Schule, den ich zu Gesicht bekam, unmittelbar nachdem er ins Krankenhaus eingeliefert worden war, da er seit Tagen Wahnideen geäußert hatte. Als ich ihn fragte, wer ihn zum Krankenhaus gebracht hätte, antwortete er: »Meine Mutter.« »Deine Mutter?« fragte ich. »Meine Mutter ist eine Hexe!« – Eine verführerische Hexe – Nein, sie ist ein wunderbarer Mensch – Sie erlaubt mir nicht, was ich möchte – Niemand ist gut genug für mich – Sie beherrscht mich – Und mein Vater ist ein schwacher Mann, der tut, was sie will – Er ist ein starker Mann – Er war in West Point (amerikanische Militärakademie. Anm. d. Übers.) – Als ich klein war, hat er mich windelweich geprügelt.« So sprang er in seinen Worten vor und zurück, sprach von der Vorbereitungsschule und von einem Kindergarten, den er einstmals besucht hatte, doch wie ein roter Faden zogen sich durch seine Äußerungen die ambivalente Einstellung gegenüber seinen unglücklichen Eltern und ihren Konflikten sowie seine Verzweiflung angesichts der Unfähigkeit, sich von den Bedürfnissen und Ansprüchen seiner Mutter freizumachen. Doch noch vor wenigen Jahren wäre alles, was er über seine Hexenmutter, die ihn verführte und beherrschte, von sich gab, als sinnloses Produkt seiner schizophrenen Krankheit abgetan worden.

Selbst wenn der Therapeut sich verwirrt fühlt, weil er von dem Patienten nur wenig Sinnvolles in Erfahrung bringen kann, so wird er doch fast immer ausreichende Gründe entdecken, warum der Patient schwer gestört ist, wenn er nur den Eltern zuhört, ihre Interaktionen untereinander und mit dem Patienten beobachtet und den Charakter der familiären Transaktionen in Betracht zieht.

Ein Fallbeispiel

Eine Studentin wurde in ein Krankenhaus eingewiesen, nachdem sie in verwirrtem und wahnhaftem Zustand aus einem Eisenbahnabteil geholt worden war. Als ihre Eltern im Krankenhaus eintrafen, führte ich ein Gespräch mit ihnen. Wenn man sich nur an die Vorgeschichte hielt, dann mochte der verzweifelte Zustand des Mädchens ganz wie ein Blitz aus heiterem Himmel erscheinen. Sie war eine ausgezeichnete Studentin mit einem Hang zur Schriftstellerei. Wenngleich ein wenig schüchtern, war sie doch stets gesellig gewesen und bei ihren Freunden wohlgelitten. Für jemanden, der es gewohnt ist, mit den Eltern schizophrener Patienten zu arbeiten, war die Sitzung mit den Eltern der Studentin jedoch randvoll mit vertrautem Material. Die Mutter bestritt alles Reden, während der Vater, ein wohlhabender Kunsthändler, sich in Schweigen hüllte. Als ich Bemerkungen an ihn richtete, erhielt ich die Antwort von seiner Frau, und als ich ihr mit Absicht den Rücken zukehrte und dem Vater eine Frage stellte, unterbrach die Mutter ihn, noch ehe er seinen Satz beenden konnte. Es erwies sich als schwierig, Näheres über die Patientin zu erfahren, da die Mutter in erster Linie über sich selbst sprach, über ihre Vorfahren, die zu den Pilgervätern gehörten, und über ihre Ambitionen als Schriftstellerin. Als ich sie schließlich unterbrach und nach der Universitätslaufbahn und nach den Interessen der Tochter fragte, erfuhr ich, daß das ganze Leben des Mädchens nur um den Wunsch kreiste, eine Romanschriftstellerin zu werden; sie verehrte Virginia Woolf leidenschaftlich. Die Mutter trug sich mit der Hoffnung, ihre Tochter werde in die Fußstapfen ihres Idols treten. Nach einigem Zögern erklärte ich: »Aber Virginia Woolf hatte psychotische Episoden und beging Selbstmord.« Ohne Zögern meinte die Mutter: »Das wäre die Sache wert.«

Ich konnte die Arbeitshypothese aufstellen, daß die Eltern dieser Familie eine schiefe Ehe führten, wobei die Mutter die Familientransaktionen beherrschte, die gewöhnlich vom Ehemann ausgefüllten Rollen an sich riß und nicht in der Lage war, die mütterliche, expressiv-gemüthafte Rolle angemessen auszufüllen, jedenfalls nicht gegenüber ihrer Tochter. Sie mischte sich zwar in aufdringlicher Weise in das Leben ihrer Tochter ein, war aber aufgrund ihres narzißtischen Bedürfnisses nach einem Kind, daß ihren eigenen frustrierten literarischen Bedürfnissen nachging, für die Gefühle und Wünsche ihrer Tochter unzugänglich; und sie projizierte ihre eigenen Gefühle auf die Patientin. Der Vater, wenngleich in seiner beruflichen Tätigkeit ausnehmend erfolgreich, erfüllte in der Familie weder eine männlich-instrumentale Rolle noch setzte er den egozentrischen Verzerrungen des Familienlebens durch seine Frau Widerstand entgegen. Es erschien uns wahrscheinlich, wenngleich es sich um eine reine Hypothese handelte, daß er, unfähig wie er war, einen entscheidenden Platz im Leben seiner Frau einzunehmen, bei seiner Tochter emotionale Befriedigung suchte.

Während einer Visite einige Wochen später entdeckte ich im Zimmer der Patientin mehrere Romane von Virginia Woolf und fragte sie danach. Sie erwiderte mit leiser Stimme: »Mutter hat sie mir geschickt – sie hat was übrig für Virginia

Woolf.« Während der nächsten Monate sprach die Patientin von ihrer Unzulänglichkeit als Schriftstellerin und von ihrer Verzweiflung darüber, sprach von ihrem Wunsch nach einer Ehe, in der sie einem Mann helfen könne, sich durchzusetzen, und von ihrer Abneigung gegenüber der Verpflichtung, die ehrgeizigen Bestrebungen ihrer Mutter auszuleben. Es fiel mir schwer, zu glauben, sie könne in ihrer Gefügigkeit so weit gehen, daß sie wie Virginia Woolf psychotisch würde, was sich als schwerwiegende, als schicksalhafte Fehleinschätzung erwies. Als die Patientin den psychotischen Schub überwunden hatte, bestand die Mutter darauf, die Behandlung an der Westküste, wo die Familie lebte, fortsetzen zu lassen. Zu Hause, unter der Aufsicht der Mutter, erlitt die Patientin einen Rückfall und fügte sich dann dem ihr auferlegten Schicksal, indem sie Selbstmord beging.

Die wesentlichen therapeutischen Aufgaben

Der Therapeut kann nicht nur die Gewißheit haben, daß er auf Material stoßen wird, das für die Psychotherapie von Bedeutung ist, sondern er kann auch die Natur der Probleme voraussehen, auf die sich die therapeutischen Transaktionen für gewöhnlich konzentrieren. Wenngleich er nicht im voraus wissen kann, was den jeweiligen Patienten beeinträchtigt, so kann er sich doch darauf einstellen, daß die verschiedenen Schwierigkeiten, die ich in den vorangegangenen Kapiteln erläutert habe, für den jeweiligen Patienten von entscheidender Bedeutung gewesen sind. Da Untersuchungen von Familien mit schizophrenen Kindern wesentlich dazu beigetragen haben, die Spreu vom Weizen zu trennen, kann der Therapeut das zweckdienliche Material leichter herausgreifen.

In einem allgemeinen Sinne besteht für den Therapeuten die grundlegende Aufgabe darin, den Patienten von der Fessel zu befreien, das Leben eines Elternteils zu vervollständigen oder die Kluft zwischen den Eltern zu überbrücken, denn damit wird er in die Lage versetzt, seine Energien in seine eigene Entwicklung zu investieren und eine eigenständige Person zu werden, statt den Problemen der älteren Generation verhaftet zu bleiben. Der Therapeut fördert beständig den latenten Wunsch des Patienten nach Individuation, einen Wunsch, den der Patient als hoffnungslos aufgegeben hat, er sucht die Angst des Patienten abzubauen, er werde abgelehnt und verlassen, wenn er seine eigenen Bedürfnisse und Wünsche durchsetzt, und die entsetzliche Furcht zu lindern, er werde seine Eltern vernichten, wenn er Unabhängigkeit erlange und seine ambivalente Feindseligkeit äußere. Der Patient muß die Fähigkeit erwerben, seine Eltern, ihr Verhalten und die innerfamiliäre Umwelt anders wahrzunehmen, als seine Eltern sie selbst zu sehen wünschen und von ihm zu sehen verlangen, und muß lernen, auf seine eigenen Gefühle und Wahrnehmungen zu vertrauen.

Modifizierungen der psychoanalytischen Technik

Nun erfordern derartige therapeutische Aufgaben eine Methode, die sich in vieler Hinsicht von der konventionellen psychoanalytisch orientierten Therapie unterscheidet. Die meisten, wenn nicht alle, Psychoanalytiker, die schizophrene Patienten mit einigem Erfolg behandeln, haben die psychoanalytische Technik weitgehend modifiziert; häufig entwickeln sie Therapien, die nur insofern psychoanalytisch sind, als sie genetisch-dynamische Gesichtspunkte berücksichtigen, sich auf gewisse psychoanalytische Erkenntnisse verlassen und von dem Patienten erwarten, daß er zu einem gegebenen Zeitpunkt so viel Initiative ergreift, als ihm möglich erscheint. Das Verständnis der Natur und des Ursprungs schizophrener Störungen sowie der Unterschiede zwischen ihnen und den verschiedenen neurotischen Störungen gibt dem Therapeuten Richtlinien für die Anpassung seiner Technik an die Behandlung schizophrener Patienten an die Hand.

Zu freier Assoziation wird nicht ermuntert. Der Patient, der für gewöhnlich bereits von unzusammenhängenden Assoziationen, primärprozeßhaftem Material und präoperationalem Denken überschwemmt wird, muß zu schärferer Begriffsbildung hingeführt und zur Verwendung allen gemeinsamer Bedeutungen und syntaktischer Gliederungen angeleitet werden. Wir möchten, daß er sich die Filterfunktion der Kategorien wieder aneignet, statt sich weiterhin im nebelhaften Bereich egozentrischer Grübelei aufzuhalten. Wenn man den Patienten sich auf die Couch legen läßt, dann lockert man dadurch nicht nur die Assoziationen, da der Wahrnehmungskontakt vermindert wird, sondern kann auch Wahnvorstellungen begünstigen, denen die Übertragung inzestuösen Verhaltens eines Elternteils auf den Therapeuten zugrunde liegt. Der Therapeut sucht die Ich-Funktionen des Patienten zu stärken, statt ihn anzuhalten, sie zum Zwecke des freien Assoziierens außer acht zu lassen. Aus ähnlichen Gründen vermeiden wir es, die Angst des Patienten zu verstärken, um auf diese Weise die Therapie in Bewegung zu bringen, denn Angst kann auf dem Wege der Stimulierung des sympathischen Nervensystems, die zu einer Senkung der Reizschwelle führt, die kognitive Desorganisation beschleunigen. Tatsächlich können aus diesen Gründen die Phenothiazine, die den Einfluß von Angst auf die physiologischen Funktionen mildern und die Reizschwelle anheben, bei maßvoller Anwendung den Patienten in die Lage versetzen, in der Psychotherapie mitzuarbeiten. Im allgemeinen liegt das Schwergewicht der Behandlung nicht so sehr auf der Analyse von Störungen des Verständnisses, denen die Wirkung der Abwehrmechanismen des Ich zugrunde liegt, als vielmehr auf den Verzerrungen und Entstellungen, die auf das Bedürfnis der Eltern zurückgehen, ihr eigenes fragiles Ich zu schützen. Wir versuchen dem Patienten Vertrauen in seine eigenen Gefühle und Vorstellungen einzuflößen, während wir jene Gefühle und Wahrnehmungen in Frage stellen, die im wesentlichen die seiner Eltern sind und die er als seine eigenen ausgibt; und für gewöhnlich hat der Patient ein Gespür für die Fähigkeit des Therapeuten, zwischen beiden Bereichen zu unterscheiden. Der Therapeut fördert das Selbstvertrauen des Patienten, seine Gedanken und Vorstellungen sowie seine Gefühle, denen zu mißtrauen ihm seit langem beigebracht worden ist, ein Mißtrauen zugunsten dessen, was die Eltern auf den Patienten projiziert haben. Durch Verzicht auf jeden Anschein von Allwissenheit arbeitet der Psychotherapeut Neigungen des Patienten entgegen zu glauben, andere wüßten, was ihm vorenthalten worden sei, nämlich wie und warum man lebt, und sucht statt dessen dem Patienten dabei behilflich zu sein, seine eigenen Gedanken und Emotionen zu klären und zu verstehen.

Dem Psychotherapeuten fällt die entscheidende Aufgabe zu, dem Patienten ausreichend Vertrauen und Hoffnung zu vermitteln, daß er noch einmal die Gefahr niederschmetternder Desillusionierung zu ertragen und das Wagnis der Suche nach einer für ihn bedeutsamen Beziehung auf sich zu nehmen vermag. Dabei handelt es sich um eine höchst persönliche Funktion, die man nicht erfüllen kann, wenn man die klassische Haltung des Psychoanalytikers einnimmt, jene Haltung eines Spiegels oder leeren Bildschirms, auf dem sich die Übertragungen des Patienten, seine Projektionen und Abwehrmechanismen abbilden und untersuchen lassen. Der schizophrene Patient geht nur dann eine therapeutische Beziehung ein, wenn er Vertrauen haben kann; und er hat Vertrauen, wenn er sich verstanden fühlt und zu glauben beginnt, daß der Therapeut ihn weder benutzen noch verlassen wird, falls die wuterfüllten, düsteren und begehrlichen Seiten seiner ambivalenten Einstellungen zum Vorschein kommen. Von entscheidender Bedeutung ist Kommunikation, und der Patient gibt seine autistischen Grübeleien und vorgefaßten Meinungen sowie seine eigentümlichen Kommunikationsweisen auf, wenn der Therapeut in der Lage ist, zuzuhören und zu verstehen, was der Patient zu sagen wünscht, auch wenn er es durch die Verwendung merkwürdiger Metaphern und dunkler Assoziationen zu verbergen sucht.

Bei direkten Familienuntersuchungen erworbene Vertrautheit mit den Zwangslagen im Leben schizophrener Patienten und ein durch theoretische Konzepte gefördertes intuitives Gespür sind ganz besonders wichtig, wenn es darum geht, daß der Therapeut richtig einschätzt, was der Patient in seiner verdeckten und seltsamen Kommunikationsweise mitteilen möchte. Als eine junge Frau, die während des ersten Jahres am College psychotisch wurde, ihrem Therapeuten erzählte, sie habe sich, nachdem sie ihr Elternhaus zum erstenmal verlassen habe, um aufs College zu gehen, in ihr Eisenbahnabteil eingeschlossen, ihre Kleider ausgezogen und aus dem Zugfenster geworfen und sich dann ganz neu eingekleidet, da meinte der Therapeut ruhig und nachdenklich: »Endlich konnten Sie Sie selbst werden ... die Person, die Ihre Mutter brauchte, zu Hause lassen.« Als die Patientin bei einer anderen Gelegenheit sich den Kopf darüber zerbrach, warum sie während einer bestimmten Zeit ihres College-Aufenthalts jeden Abend heimlich den Mantel eines anderen Mädchens genommen, darin geschlafen und ihn am frühen Morgen wieder an seinen Platz zurückgehängt hatte, stellte ihr der Therapeut die Frage: »Sie haben jemanden gefunden, der Sie sein wollten, nicht wahr?« Der Patient muß dahin kommen, Vertrauen zu verbaler Kommunikation zu finden und von ihr Gebrauch zu machen, und das gelingt ihm, wenn er die Erfahrung macht, daß der Therapeut dem zuhört, was er sagt, und ihn zu verstehen sucht, statt dem Patienten seine eigenen Gedanken aufzudrängen.

Flucht vor dem Therapeuten

Die therapeutische Beziehung hängt lange Zeit an einem dünnen Faden, und ihre Festigkeit wird vom Patienten wiederholt geprüft, ehe sie zu einem Mittel wird, mit dessen Hilfe Kindheitserfahrungen wiederbelebt und neu bewertet werden können. Sie wird ständig bedroht von den Gefahren der innerfamiliären Erlebnisse des Patienten in seiner Kindheit. Häufig geschieht es, daß der Patient gerade dann, wenn er sich zu seinem Therapeuten hingezogen fühlt, die Flucht ergreift – vor dem Therapeuten oder in die Psychose flüchtet. Der Therapeut, der bis dahin schon Hoffnung geschöpft hatte, kann angesichts des Ergebnisses seiner Bemühungen in tiefe Entmutigung stürzen und seine Anstrengungen aufgeben – konkret, indem er wieder auf somatische Therapien zurückgreift oder indem er seine Bindung an den Patienten lockert. Wenn er sich jedoch auf den Rückschlag einstellt und versteht, warum der Patient sich bedroht fühlt, und hartnäckig bleibt, dann stellt sich eine stabilere Arbeitsbeziehung ein. Der Patient hat die Anteilnahme des Therapeuten, seine Besorgnis und seine Aufmerksamkeit mit der Aufdringlichkeit und umklammernden Haltung seiner Eltern und ihrer Unzugänglichkeit für seine Bedürfnisse und Gefühle gleichgesetzt. Kurz gesagt, der Therapeut muß als wichtige Voraussetzung die Fähigkeit besitzen, sich für den Patienten intensiv und ausdauernd einzusetzen und dabei auf ihn oder seine Ergebenheit nicht angewiesen zu sein. Der Therapeut sucht dem Patienten zu vermitteln, daß er zwar dringend wünscht, daß sein Zustand sich bessert, einen langen Weg mit ihm gehen und persönliche Opfer bringen wird, um eine solche Besserung herbeizuführen und zu fördern, daß er dieses Ziel aber weder dem Patienten zuliebe noch aus dem Bedürfnis nach einem therapeutischen Erfolg heraus verfolgt.

Nicht-verbale Kommunikation und Mißverständnisse

Da der Patient gelernt hat, nicht zu beachten, was gesagt wird, sind ferner auch die unausgesprochenen Signale von großer Wichtigkeit. »Ich habe mir schon vor langer Zeit angewöhnt, nicht mehr zuzuhören und nicht mehr darauf zu achten, wie meine Mutter sich fühlte«, erklärte eine junge Frau. Über die Fähigkeit zur Intuition schizophrener Patienten ist viel geschrieben worden. Sie haben gelernt, sich bei Interaktionen mit den Eltern auf Hinweise zu verlassen und auf Gefühle zu reagieren. Eine Patientin erklärte, es sei für sie wichtig gewesen, sich einfühlend auf die Emotionen und Stimmungen ihrer psychotischen Mutter einzustellen, um auf diese Weise zu verhindern, daß sie in ein Krankenhaus eingewiesen wurde, vor allem nachdem ihr Vater die Familie verlassen hatte. Doch trotz solcher Fähigkeiten, oder weil solche Fähigkeiten auf der Beziehung zu bestimmten Eltern beruhen, unterlaufen schizophrenen Patienten häufig Fehldeutungen. Ich war einmal wegen eines Bandscheibenvorfalls so schwer behindert, daß alle Patienten mit einer Ausnahme dies bemerkten und sich für gewöhnlich nach meinem Befinden erkundigten. Nur eine schizophrene Frau zog sich immer mehr von mir zurück, bis sie schließlich ihre Überzeugung zum Ausdruck brachte, mein Zögern, wenn ich mich am Ende jeder Sitzung aus dem Sessel erhob, um die Tür zu öffnen, lasse erkennen, daß ich sie nicht zu schätzen wisse und mich ihrer am liebsten als Patientin entledigen möchte. Zu Mißverständnissen, welche die therapeutische Beziehung gefährden können, kommt es auch aufgrund der üblichen Praxis, die Besorgnis des Patienten, der Therapeut wolle ihn verführen oder sei ihm gegenüber feindlich und ablehnend eingestellt, als Projektion und nicht als Übertragung zu deuten. Eine Frau, die sicher zu sein schien, ihre Analyse werde zu einer sexuellen Beziehung mit ihrem Therapeuten führen, projizierte zwar bis zu einem gewissen Maße ihre Wünsche, doch in erster Linie übertrug sie auf den Therapeuten ihre Hoffnung und Furcht, er werde sie verführen, wenn sie ihm von ihrer Zuneigung zu ihm gestehe, so wie ihr Vater angefangen hatte, sie zu masturbieren, unmittelbar nachdem sie in die Pubertät gekommen war. Auf ähnliche Weise mag ein Patient befürchten, jede Meinungsverschiedenheit mit dem Therapeuten werde wie früher bei einem Elternteil Ablehnung heraufbeschwören.

Geeignete Arbeitsdistanz

Da viele schizophrene Patienten bei Eltern aufwuchsen, die zwischen aufdringlichem Besitzanspruch und Rückzug in Gleichgültigkeit hin- und herschwankten, ist die Herstellung einer zufriedenstellenden Arbeitsdistanz mit Schwierigkeiten verbunden. Der Patient, der die Erfahrung machen mußte, daß ein Elternteil dem, was er zum Ausdruck brachte oder fühlte, wenig Aufmerksamkeit widmete, fordert vom Therapeuten flexible Reaktionen und Antworten und keine stereotypen Wiederholungen dessen, was der Patient gesagt hat, oder analytische Gemeinplätze; und in der Therapiestunde kann und darf der Therapeut nicht über seine eigenen Gedanken und Vorstellungen nachgrübeln – wie es die Eltern so häufig getan haben, wenn der Patient ihre Aufmerksamkeit suchte. Die Beibehaltung einer durchgängig freundlichen Einstellung, die weder aufdringlich noch distanziert ist, sondern zwischen Therapeut und Patient sichere Grenzen zieht, wenngleich schwer zu definieren, kann dem Patienten die Sicherheit und den Raum bieten, die er für sein inneres Wachstum braucht. Genauso wie der Therapeut es vermeidet, die Meinungen der Eltern als die des Patienten selbst hinzunehmen, so sucht er seine eigenen, vom Patienten aufgegriffenen Vorstellungen von denen des Patienten selbst zu unterscheiden, um dem Patienten auf diese Weise dabei behilflich zu sein, klare Selbstgrenzen aufzurichten.

Während das Bemühen, eine klassische analytische Maske und leidenschaftslose Distanz beizubehalten, der Therapie nicht angemessen ist, so führt jedoch auch das Gegenteil, das heißt eine Einstellung, die auf dem Glauben beruht, der Therapeut müsse für Liebe und totale Sicherheit sorgen, die der Patient in früher Kindheit vermißt habe, den Patienten selten, wenn überhaupt, aus seiner schizophrenen Verwirrung heraus. Die Überzeugung, der Therapeut müsse nicht nur Liebe gewähren, sondern sei auch auf den Patienten angewiesen, hat womöglich noch verheerendere Folgen. Der Patient ist mit dem belastenden Gefühl aufgewachsen, gebraucht zu werden, um das Leben seiner Mutter zu vervollständigen, und sich bemühen zu müssen, dem Leben eines anderen Menschen einen Sinn zu geben. Er hat die Ambivalenz der Liebesbedürftigkeit erfahren und weiß um die Maßlosigkeit seiner eigenen Liebe. Die Liebe, die der Patient gekannt hat, erlaubt keinerlei Autonomie – und so neigt der Patient zu dem Gefühl: »Liebe mich ohne Liebe!« Er flieht vor dem Gefühl, verschlungen zu werden, und für ihn bedeutet Liebe, verschlungen zu werden.

Genauso wie der Therapeut es vermeidet, als allwissend angesehen zu werden, so muß er sich auch mit seiner Gegenübertragung auseinandersetzen und sich darüber im klaren sein, daß sein Ansehen und sein Selbstvertrauen nicht davon abhängen, daß er den Patienten »heilt«, denn der Patient ist empfindlich gegenüber dem Gefühl, für die Bedürfnisse eines anderen mißbraucht zu werden, und er kann dem Therapeuten unterwürfig, aber hartnäckig Widerstand leisten, wie er es seinen Eltern gegenüber getan hat. Der Therapeut versucht nicht nur zu vermitteln, daß sein eigenes Wohlbefinden nicht von dem Patienten abhängig ist, sondern daß er für sich selbst sorgen kann und wird und daß dies nicht unbedingt die Sorge des Patienten zu sein braucht. Schizophrene Patienten, die aufpassen mußten, daß sie nicht einen Elternteil verletzten, können die Befürchtung hegen, sie würden mit ihren im Innern verborgenen Feindseligkeiten den Therapeuten unvermeidlich schädigen oder gar töten. So beachtete ich die Frage einer Patientin »Wie geht es Ihnen?«, mit denen sie üblicherweise eine

Sitzung begann, zunächst nicht sonderlich, bis mir der gehetzte prüfende Blick auffiel, mit dem sie die Frage stellte. Die Patientin hegte die Befürchtung, sie könne mich, als Hexe, die sie glaubte zu sein, gegen ihren Willen vernichten. Im übrigen, wenn der Therapeut nicht für sich selbst sorgen kann, wie kann er dann für den Patienten sorgen? So erfuhr Dr. Fromm-Reichmann von einer Patientin, daß ihre Bereitwilligkeit, sich auf das Niveau der Patientin zu begeben und sich von ihrem Urin benetzen zu lassen, bei der Patientin den Gedanken hervorrief, ihre Psychoanalytikerin sei nicht einmal in der Lage, für sich selbst richtig zu sorgen (Fromm-Reichmann, persönliche Mitteilung). Ich möchte noch hinzufügen, daß es sich als unklug erweisen kann, die wachsenden Beziehungen des Patienten zu anderen Menschen als dem Therapeuten im Sinne einer Flucht vor Übertragungsgefühlen zu behandeln, weil das auf der einen Seite bei dem Patienten das Gefühl erwecken kann, der Therapeut passe auf ihn genauso eifersüchtig auf wie früher ein Elternteil, und weil auf der anderen Seite die Sozialisation mit anderen Menschen für den Fortschritt wichtig ist. Die Fähigkeit des Patienten, einem anderen Menschen zu vertrauen, ist begrüßenswert, auch wenn damit eine Flucht vor den Gefühlen gegenüber dem Therapeuten verbunden ist.

Auflösung der anaklitischen Übertragung

Wenn auch die Herstellung einer therapeutischen Beziehung zu einem schizophrenen Patienten viele Schwierigkeiten bereiten kann, so kann ein erfahrener Therapeut sie für gewöhnlich überwinden. So ergeben sich Probleme aufgrund des primitiven Charakters, den die Bindung des Patienten an den Therapeuten annimmt. Zu Beginn ist die Beziehung des Patienten eher eine anaklitische, eine anklammernde Zuneigung als eine Übertragungsbeziehung. Der Patient kann versuchen, den Therapeuten in eine allumfassende, allwissende, ernährende und pflegende Figur zu verwandeln, und kann im Grunde mehr daran interessiert sein, den Therapeuten für sich zu behalten, als in der Psychotherapie mitzuarbeiten. Die Beziehung kann in diesem Zustand verharren und die Therapie statisch werden, wenn der Psychotherapeut die Aufrichtung von Grenzen nicht als zentrale Frage angeht und die schrittweise Entwicklung der Autonomie des Patienten in die Wege leitet. Dennoch braucht der Patient den Therapeuten häufig als

Identifikationsmodell und tritt in eine Phase des Wachstums ein, indem er Aspekte des Therapeuten internalisiert, wenn er sich nach und nach von ihm loslöst. Wenn die Therapie sich gut entwickelt, dann wird die anaklitische Zuneigung durch eine Beziehung ersetzt, in der der Therapeut schließlich mehr von einer Überich-Figur hat als von einem basalen Liebesobjekt. Häufig wird die Bindung niemals vollständig aufgelöst und braucht es wahrscheinlich auch gar nicht. Genauso wie das »Latenz«-Kind sich seiner Funktionen in der außerfamiliären Welt sicher wird, wenn es weiß, daß seine Mutter da ist, wenn sie gebraucht wird, so kann der Patient seinen Therapeuten verlassen, wenn er weiß, daß er zu ihm zurückkehren kann, falls eine Krise heraufsteigen sollte. Die Patienten bleiben häufig in Kontakt mit ihrem Psychotherapeuten, indem sie ihm gelegentlich Briefe schreiben oder ihn anrufen, um sich zu vergewissern, daß der Therapeut noch an ihnen interessiert ist. Ein Mann, den ich vor Jahren in Behandlung hatte, ruft mich ein- oder zweimal im Jahr an und erklärt jedesmal, er werde seine Frau – und später seine Frau und die Kinder – zu einem Besuch bei mir mitbringen, doch aus den Besuchen ist bislang nie etwas geworden. Viele ehemalige schizophrene Patienten beraten sich in der Phantasie mit ihrem früheren Therapeuten, wenn sie vor einer wichtigen Entscheidung stehen oder dringend Trost und Beruhigung brauchen (Rubenstein, 1972).

Deutungen

Bei der Erörterung des Problems, eine therapeutische Beziehung herzustellen und aufrechtzuerhalten, habe ich die »Deutung« ausgespart, die häufig als der wichtigste Bestandteil einer Psychotherapie und auch als ein wirksames Mittel zur Herstellung einer therapeutischen Beziehung angesehen wird. Manche Therapeuten suchen in Anlehnung an die Lehrmeinung der »direkten Analyse« die Schranken dadurch niederzureißen, daß sie die Symbole und Metaphern des Patienten durch Verwendung allgemeiner Symbolbedeutungen und durch ihre eigenen Intuitionen sogleich deuten (Rosen, 1947). Dabei handelt es sich um eine Art wilder Analyse, die bei Gelegenheit den Patienten in Kontakt bringen kann mit dem Therapeuten, der genau zu wissen scheint, was der Patient denkt und fühlt. Vor einigen Jahren beobachtete ich, wie ein nach der direkten Methode vorgehender Psychoanalytiker auf diese Weise zu einem zurückgezogenen Patienten geschickt Kontakt anknüpfte; allerdings sah ich auch, wie er eine andere Patientin durch Fehldeutungen derart in Verzweiflung trieb, daß sie die Hoffnung aufgab, jemals verstanden zu werden. Die Patientin war nach dem Tode ihrer Mutter von einer Tante adoptiert worden, noch ehe sie zwei Jahre alt war. Sie versuchte dem Psychotherapeuten ihre Schwierigkeiten mit der Tante zu schildern, doch der Therapeut bestand darauf, sie solle sich an Probleme erinnern, von denen er behauptete, sie habe sie mit ihrer richtigen Mutter während der »oralen Phase« erlebt, einer Phase, die nach Auffassung des Therapeuten von entscheidender Bedeutung für die Ätiologie der Schizophrenie ist. Selbst wenn intuitive oder lehrbuchhafte Deutungen richtig sind, hat diese Methode schwerwiegende Mängel. Therapeuten, die sie anwenden, machen auf den Patienten leicht einen allwissenden Eindruck. Der schizophrene Patient mag den Therapeuten als Erlöser ansehen, der gekommen ist, sein Leben von grundauf zu ändern; doch diese Methode führt von dem wichtigen Ziel ab, den Patienten in die Lage zu versetzen, daß er von seinen Bemühungen Abstand nehmen kann, eine allwissende und allmächtige Figur zu finden, zu der er – oder in der er – Zuflucht suchen kann, und daß er allmählich damit beginnen kann, auf seine eigenen Fähigkeiten zu vertrauen. Da die Methode Erwartungen weckt, die sich nicht erfüllen lassen, gerät der Patient früher oder später in Desillusionierung und gewinnt die Überzeugung, der allwissende Mensch müsse aufgrund der Schmerzen, die er bereitet, böswillig und feindselig sein.

Das Bedürfnis des Patienten, einen allwissenden, ihn vollkommen beschützenden Menschen zu finden, ist in der Tat so stark, daß er häufig den Therapeuten unverdientermaßen mit diesen Eigenschaften ausstattet. Das Problem ist für die Bildung einer guten Arbeitsbeziehung von so entscheidender Bedeutung, daß es sinnvoll ist, sich sobald als möglich intensiv mit den unangebrachten Erwartungen zu beschäftigen und sich klarzumachen, warum auf Seiten des Therapeuten – wie des Patienten – unausweichlich Mißverständnisse und sogar Gedankenlosigkeiten auftauchen müssen. Der Therapeut sollte sich auch seine Grenzen ins Gedächtnis rufen. Die Überschätzung des Therapeuten durch den Patienten im Verein mit der Stärke seines Verlangens nach allumfassender Fürsorge kann den Therapeuten unversehens dazu bringen, mehr zu versprechen, als er halten kann, und sich zu übernehmen. Wenn er sich dann überwältigt fühlt und in Angst gerät, nimmt er dem Patienten seine Forderungen und seine Bedürftigkeit übel und setzt sich zur Wehr, indem er plötzlich seine Haltung ändert, und er erwartet von dem Patienten, daß er sich weniger fordernd verhält und sich mehr auf sich selbst verläßt. Der Patient fühlt sich durch den Haltungswechsel verwirrt und getäuscht, und er empfindet Feindseligkeit gegenüber dem Therapeuten, der in ihm Hoffnungen geweckt hat, nur um sie wieder zunichte zu machen.

Deutungen im strengen Sinn des Wortes bilden keinen sonderlich wichtigen Aspekt der Therapie. Ich weiß, daß diese Behauptung der Kleinschen Methode zuwiderläuft, die Deutungen frühzeitig und mit Nachdruck einsetzt, um projektive Identifizierungen des Patienten zu verhindern. Nach meiner Auffassung sollte von Anfang an eines der zentralen Anliegen der therapeutischen Bemühungen sein, die Individuation und das Selbstvertrauen zu fördern, was Achtung vor dem Patienten als einem Menschen verlangt, der Probleme zu lösen vermag, wenn auch, jedenfalls zu Anfang, nur mit Hilfe des Therapeuten. Der Therapeut deutet nicht so sehr, sondern versucht vielmehr, die Kommunikationsformen des Patienten und seine Wahrnehmung vergangener und gegenwärtiger Ereignisse abzuklären, indem er sie zusammen mit dem Patienten sorgfältiger Prüfung unterzieht. Dem Patienten sind seit seiner Geburt sozusagen Interpretationen seiner eigenen Gefühle und Wahrnehmungen aufgezwungen worden. Nun muß er lernen, daß der Therapeut ihm zuhört, ihn zu verstehen sucht und Wert und Triftigkeit seiner Gefühle anerkennt. Es ist keineswegs die Aufgabe des Therapeuten, die vagen Gedanken- und Gefühlsäußerungen des Patienten zu verstehen, Äußerungen, die häufig Versuche sind, Gefühle symbolisch zu vermitteln; und statt zu deuten oder zu erraten, sucht der Therapeut vielmehr durch Anmerkungen zu klären, durch Kommentare mit fragendem Unterton, die den Patienten zu Stellungnahmen und Korrekturen einladen. Der Therapeut respektiert zwar die Interpretation des Patienten zu Ereignissen, doch er versucht gleichzeitig Verständnis bei dem Patienten dafür zu wecken, daß man einem Ereignis mehr als nur eine Bedeutung beimessen kann und daß die Ansichten des Patienten egozentrisch entstellt und voreingenommen sind. Ich vermute, daß ich damit die Methode von Harry Stack Sullivan vertrete, zusammen mit dem Patienten Ereignisse und interpersonale Transaktionen zu untersuchen und zu prüfen, eine Technik, die nicht nur den Patienten zur Teilnahme auffordert und jeden Anschein von Allwissenheit vermeidet, sondern auch den Gedanken zum Tragen kommen läßt, daß es dabei um wirkliche Probleme geht, die durch die vereinten

Anstrengungen zweier verwirrter, jedoch intelligenter Menschen gelöst werden können.

Aus Familienuntersuchungen gewonnene Richtlinien

Kenntnis des Familiensettings, in dem schizophrene Patienten aufwachsen, und die aus dieser Kenntnis hergeleitete Theorie geben für viele Bereiche Richtlinien an die Hand, die sich nicht nur auf die Klärung des Problems beschränken, eine sinnvolle therapeutische Beziehung herzustellen und aufrechtzuerhalten. Statt den Versuch einer umfassenden Darstellung zu unternehmen, werde ich lieber verschiedene Beispiele anführen.

Homosexuelle und bisexuelle Befürchtungen

Betrachten wir zunächst die übliche Beschäftigung schizophrener Patienten mit der Homosexualität und mit der Angst vor einer Geschlechtsumwandlung, die gemeinhin ihren hypochondrischen Wahnvorstellungen zugrunde liegen (Macalpine und Hunter, 1953) und die nach Freuds Ansicht grundlegend für paranoide Wahnvorstellungen sind (Freud, 1911). Die Berücksichtigung der konfusen Geschlechtsidentität der Eltern und ihres Unvermögens, die geschlechtsgebundenen Rollen auszufüllen, führt uns zu einem therapeutischen Ansatz, der zweckmäßiger ist als Vorstellungen über eine angeborene Bisexualität. Eine sichere Geschlechtsidentität bildet die Grundlage einer stabilen Ich-Identität. In den genannten Familien hat ein Kind kein geeignetes Identifikationsmodell in dem Elternteil des gleichen Geschlechts, dessen Bedeutung durch den Elternteil des anderen Geschlechts, von dem das Kind geliebt werden möchte, noch geschmälert wird. Bisweilen haben die Eltern die Geschlechtsrollen praktisch vertauscht, in anderen Fällen sind die homosexuellen Tendenzen eines Elternteils unverkennbar. Ein schizophrener Jugendlicher mit vielen weiblichen Charakterzügen, der sich überdies mit homosexuellen und masochistischen Gedanken trug, hatte einen alkoholsüchtigen Vater, der einst ein berühmter Football-Spieler gewesen war. Der Vater hatte für seinen schwächlichen, künstlerisch eingestellten Sohn nur Verachtung übrig, während seine Mutter seinen ästhetischen Sinn gefördert und ihm zu verstehen gegeben hatte, er dürfe nicht so werden wie sein grober Vater. Schließlich sprach der Jugendliche von seiner Ansicht, daß sein Vater homosexuelle Neigungen habe. Dabei handelte es sich nicht um Projektionen. Seine Mutter besprach mit einem Sozialarbeiter die leidvollen Gefühle, die sie durchgemacht hatte, als ihr Mann zugegeben habe, zu seiner Liebe zum Sport gehöre auch das Fasziniertsein von nackten männlichen Körpern, und als seine Impotenz und seine intensive Zuneigung zu einem Sportkameraden ihre ersten Ehejahre belastet hätten. Die homosexuellen Befürchtungen des Patienten ließen sich sinnvoll angehen, insofern darin zum Ausdruck kam, wie er seinen Vater, den Typ des Mannes, von dem sich seine Mutter angezogen fühlte, wahrnahm und insofern er Männlichkeit nicht zu akzeptieren vermochte, wenn sie jene Gefühlskälte bedeutete, die er und seine Mutter von seinem Vater erfahren hatten – und später auch durch Einbeziehung seiner ungelösten Identifizierung mit seiner Mutter (Fleck, Lidz, Cornelison, Schafer und Terry, 1959).

Inzestangst

Angst vor Inzest, die panikartige Gefühle hervorruft, weil der Patient die Nähe zu einem Elternteil, den er braucht, fürchtet, ist nicht einfach Regression und Projektion, sondern spiegelt sowohl die inzestuösen Neigungen der Eltern selbst wie auch die pathologische Familienstruktur wider. Ein junger Mann, der eine Freundin mit nach Hause gebracht hatte, um mit ihr zu schlafen, nachdem sein Vater seine Mutter verlassen hatte, redete bei der Einweisung ins Krankenhaus ohne jeden Zusammenhang, doch seine Mutter bat uns: »Sie müssen ihn heilen – er ist alles, was ich im Leben habe – als er krank wurde, schlief ich mit ihm zusammen wie Mann und Frau.« Ein schizophrener Jugendlicher erzählte widerstrebend, er habe Angst, mit seiner verwitweten Mutter allein zusammenzuleben, weil es zu Inzest kommen könne, sollte er seine Beherrschung verlieren, wenn seine Mutter, wie allabendlich, betrunken wäre. Seine Befürchtungen fanden ihren Widerhall bei seinem älteren verheirateten Bruder, der berichtete, er fände das verführerische Liebkosen seiner Mutter äußerst unangenehm, und von inzestuösen Träumen und Phantasien sprach, die sich in sein Eheleben einschlichen. Eine junge Frau, die mit einem akuten schizophrenen Verwirrungszustand ins Krankenhaus eingeliefert worden war, unterzog sich jedesmal, wenn sie von einer Verabredung heimkehrte, einer Untersuchung, die ihr Vater, von Beruf Arzt, an ihren Genitalien vornahm.

Schizophrener Verfall

Wir stellten auch fest, daß nicht alle schlechten Angewohnheiten der Patienten und ihre Schlampigkeit Beweis eines schizophrenen Verfalls sind; manche Gewohnheiten spiegeln vielmehr das Unvermögen der Eltern wider, grundlegendes Sozialverhalten und wesentliche Anpassungstechniken zu vermitteln. Ein junger Patient nahm sich einer schizophrenen jungen Frau an und führte sie zum Essen aus. Anschließend erklärte er seinem Psychotherapeuten, er könne die Freundschaft zu der jungen Frau aus Ekel vor ihrer Schludrigkeit nicht fortsetzen. Sie verschüttete nicht nur Speisen über ihre ganze Kleidung, sondern putzte sich auch mit der Serviette die Nase. Als die Angelegenheit in einem Gespräch mit der Patientin zur Sprache kam, wollte sie wissen, was an ihrem Verhalten falsch sei – ihr Vater, ein hervorragender Professor, habe sich häufig die Nase mit der Serviette geputzt. Eine andere junge Frau sah stets unordentlich gekleidet aus, und die Krankenschwestern beobachteten, daß sie nicht wußte, wie sie ihre Nylonstrümpfe richtig anziehen oder ihren Büstenhalter anlegen sollte. Im Alter von sechsundzwanzig Jahren war sie nicht in der Lage, sich einen passenden Büstenhalter zu kaufen; sie wußte nicht, wie sie das bewerkstelligen sollte, denn ihre Mutter hatte den Einkauf von Büstenhaltern immer für sie besorgt. Dieselbe Patientin war auch in anderen Bereichen sozial inkompetent. Sie konnte eine oberflächliche Einladung nicht von einer ernsthaft gemeinten unterscheiden. Nach einem Besuch bei entfernten Verwandten, die sie aufgefordert hatten, »gelegentlich mal wieder vorbeizukommen«, erklärte sie ihrem Psychotherapeuten, sie möchte künftig jeden Sonntag bei diesen Verwandten verbringen. Als ein Sozialarbeiter sich mit den Verwandten in Verbindung setzte, erfuhr er, daß sie sich in höflicher Weise bemüht hätten, die Patientin von weiteren Besuchen abzuhalten, indem sie eine vage und unbestimmte Einladung ausgesprochen hätten. Es ist wichtig, sich klarzumachen, daß viele schizophrene Patienten Anleitung in den Techniken des Alltagslebens brauchen, um auf diese Weise innerfamiliäre Erfahrungen zu ergänzen oder zu korrigieren.

Die Denkstörung

Die Unzulänglichkeiten des Patienten im Gebrauch instrumentaler Techniken sind – wie ich im vorangegangenen Kapitel gezeigt habe – im Bereich seiner kognitiven und sprachlichen Fähigkeiten noch weit schwerwiegender. Manche Psychotherapeuten neigen der Ansicht zu, für die schizophrene Denkstörung seien in erster Linie eine Regression und die Unfähigkeit zur Unterdrückung primärprozeßhafter Einbrüche verantwortlich, und erwarten von einer Lösung der emotionalen Probleme des Patienten ein Abklingen des primärprozeßhaften Denkens. Die schizophrene Denkstörung ist jedoch ein komplexes Ergebnis der amorphen oder fragmentarischen Kommunikationsstile der Eltern, der mangelhaften Übung im Kategorisieren, des Einflößens von Mißtrauen in der häuslichen Umwelt, den paralogischen Denkens, das sich aus dem Versuch ergibt, das Double-bind zu umgehen, des irrationalen Denkens, um damit den egozentrischen Bedürfnissen der Eltern zu genügen, und des Eindringens von vagen, interkategorialen, polymorph infantilen und frühkindlichen Phantasien. Der Therapeut kann das überinklusive Denken des Patienten angehen und seine Fähigkeit zur gerichteten Aufmerksamkeit stärken, indem er das Aufrichten von Grenzen zwischen dem Patienten und anderen Menschen, vor allem zwischen dem Patienten und Therapeuten, anregt und fördert, indem er ein konsistentes und unzweideutiges Kommunikationsverhalten an den Tag legt, indem er zusammen mit dem Patienten dessen Einfälle und ambivalenten Einstellungen abklärt, die geeignet sind, sein Urteil zu trüben, und indem er als Alternativen zu den egozentrischen Verzerrungen des Patienten neue Verstehensweisen vorschlägt. In zunehmendem Maße habe ich mich vor allem darauf konzentriert, den Patienten von seinem Bedürfnis zu befreien, seine Wahrnehmungen und Wortbedeutungen zu entstellen, damit sie mit der abwegigen Weltsicht der Eltern übereinstimmen. Dies ist eine schwierige Wegstrecke, doch wenn sie zurückgelegt ist, dann ist der Patient aus dem Morast seiner Probleme heraus und bewegt sich auf festerem Grund. Gleichzeitige Familientherapie kann, wenn sie als Zusatzbehandlung zur Einzeltherapie eingesetzt wird, besonders hilfreich sein, wie ich weiter unten noch erörtern werde.

Die therapeutische Gemeinschaft

Wenn wir die Bedeutung sozialisierender und erzieherischer Therapie für die Behebung der Denkstörungen und unangemessenen instrumentalen Fähigkeiten des schizophrenen Patienten betonen, dann stellt sich notgedrungen die Frage nach der Zulänglichkeit von Einzeltherapie ohne jegliche Heranziehung einer wie immer gearteten Therapie zum Zwecke sozialer, emotionaler und kognitiver Erziehung oder Umerziehung; die Frage stellt sich vor allem bei jenen Patienten, deren Schwierigkeiten eher entwicklungsmäßiger als regressiver Natur sind. Solchen erzieherischen Bedürfnissen läßt sich nur schwer nachkommen, ausgenommen im Rahmen einer Klinik – oder, sagen wir, in einer Institution, die ausdrücklich darauf angelegt ist, die Sozialisation zu fördern und die erzieherischen Bedürfnisse schwer gestörter junger Menschen zu befriedigen. Bemühungen um Bereitstellung einer solchen stationären Behandlung stehen freilich in Konflikt mit gegenwärtigen Bestrebungen, die Hospitalisierung schizophrener Patienten zu vermeiden oder so kurz wie möglich zu halten. Vor allem Soziologen, aber nicht nur sie, äußern den Verdacht, die psychiatrische Klinik sei der Grund für Schizophrenie, und sie verwischen damit die Ursache von Verfall und Chronizität mit der Ätiologie schizophrener Störungen und übersehen außerdem die Tatsache, daß viele schizophrene Patienten niemals eine psychiatrische Klinik von innen gesehen haben. Andere sprechen sich, mit womöglich noch größerer Lautstärke, gegen die Hospitalisierung – erzwungene Hospitalisierung – aus und sehen darin eine Verletzung des Rechts eines jeden Menschen auf Freiheit und zu Entscheidungen über Angelegenheiten des eigenen Lebens. Solche Vorstellungen stehen im Widerspruch zu dem Konzept, nach dem es sich bei einer Psychose um einen Zustand handelt, bei dem die Ich-Funktionen, das heißt die Fähigkeit, das eigene Selbst zu lenken, ernsthaft beeinträchtigt sind. Wenn wir uns Gedanken über das Recht des psychotischen Patienten auf Freiheit von Zwang machen, dann müssen wir dabei das Recht einer Gesellschaft in Rechnung stellen, das Wohlergehen der Allgemeinheit zu schützen. Was die Existenz einer freien Gesellschaft gewährleistet, ist die Fähigkeit zur Selbstbeschränkung, und wenn ein Mensch zur Selbstkontrolle nicht mehr fähig ist, muß er bisweilen anderen Kontrollen unterworfen werden. Die Hospitalisierung schizophrener Patienten ist aus einleuchtenderen Gründen als den genannten vermieden oder abgekürzt worden, weil nämlich Hospitalisierung Passivität, Abhängigkeit und Regression begünstigt. Die meisten psychiatrischen Kliniken oder Krankenhäuser sind für die richtige Pflege und Behandlungen schizophrener Patienten nicht eingerichtet, doch das heißt nicht, daß wir keine angemessenen therapeutischen Einrichtungen entwickeln oder die wenigen bereits vorhandenen nicht nutzen sollten. Kurze Hospitalisierung vernachlässigt nicht nur das Bedürfnis des Patienten nach einem sozialisierenden und erzieherischen Setting, sondern für gewöhnlich kehrt der Patient zu seiner Familie zurück, ohne daß die familiäre Situation sich geändert hätte oder die Einstellungen des Patienten zu seiner Familie eine Wandlung erfahren hätten. Derartige Praktiken übersehen die Tatsache, daß die Herkunftsfamilie für den schizophrenen Patienten eine schädigende Umwelt bildet, in die er möglichst erst dann zurückkehren sollte, wenn in den familiären Beziehungen entscheidende Änderungen eingetreten sind.

Angesichts der heftigen Angriffe auf psychiatrische Kliniken und Krankenhäuser möchte ich auf einige Vorteile hinweisen, die ein angemessen ausgestattetes Zentrum für stationäre Behandlung oder eine psychotherapeutische Gemeinschaft bieten können. Insofern zur Psychotherapie mit schizophrenen Patienten als wichtiger Aspekt die Erkenntnis des Patienten gehört, daß die Wahrnehmungsweisen der Eltern verzerrt sind, sowie ferner die Notwendigkeit, daß der Patient sich von dem schädlichen Einfluß der Eltern freimacht, dann braucht der Patient für gewöhnlich ein Setting, in dem er Distanz zu seiner Familie gewinnen und sie allmählich aus einem anderen Blickwinkel betrachten kann. Außerdem braucht der häufig von Mord- oder Inzestimpulsen verschreckte oder gelähmte Schizophrene unter Umständen eine ihn einschränkende Umwelt, in der andere ihn vor dem Verlust der Ich-Kontrolle bewahren können. Der Patient wird häufig schizophren, wenn seine »innere Struktur« entweder die von der Familie bereitgestellte Struktur nicht zu ersetzen oder jene Neustrukturierung nicht zu ermöglichen vermag, die unter veränderten Umständen, etwa nach der Eheschließung oder der Geburt eines Kindes, erforderlich ist. Und da sorgt das therapeutische Milieu für eine Struktur, die sozusagen den Kern bildet, um den herum der Patient sich integrieren kann. Psychotherapie kann häufig nur dann Wirksamkeit entfalten, wenn der Patient sich in einer Umgebung befindet, in der er seine Energien nicht zur Aufrechterhaltung von Ich-Kontrollen verausgaben muß, ehe er dazu überhaupt in der Lage ist.

Sozialisation und Dezentrierung

Eine sinnvolle, nützliche Institution sorgt jedoch für mehr als nur für Schutz, Kontrolle und einen neutralen Lebensraum. Sie bietet dem Patienten, der in seiner Kindheit und Adoleszenz nur wenig Sozialisation erfahren hat, vielmehr Gelegenheit, seine egozentrischen und familienzentrierten Orientierungen zu überwinden. Nach Inhelder und Piaget (1958) »dezentriert« sich der Adoleszent unter anderem durch endlose Gespräche mit Gleichaltrigen, deren Orientierungen und Wahrnehmungsweisen unterschiedlich sind. Gruppentherapie, Begegnungen zwischen Patienten und Personal der Klinik und ähnliche Programme stellen einen fest gefügten, formalisierten Rahmen bereit, innerhalb dessen der Patient Aufgeschlossenheit für die Vorstellungen anderer gewinnen und allmählich die Ansichten, die seine Eltern ihm aufgezwungen haben, richtig einschätzen kann. Der junge Patient, der aufgrund seiner Erfahrung mit einer verschlingenden Mutter Angst vor jeder engen Beziehung mit Frauen empfindet, kann in Zusammenkünften und Gesprächen mit dem weiblichen Personal lernen, daß die Zuwendung und Fürsorge einer Frau seine Integrität und Autonomie nicht unbedingt gefährden müssen. Die Beziehungen zu Pädagogen, Krankenschwestern und Arbeitstherapeuten, die sich für gewöhnlich weniger formell gestalten als die Beziehung zum Psychotherapeuten, ermöglichen die Entwicklung nützlicher therapeutischer Beziehungen, die höchst konstruktiv sein können, auch wenn sie und zuweilen weil sie die intensive und erschreckend signifikante Beziehung zum Psychotherapeuten abschwächen mögen.

Eine wichtige Funktion der speziellen Sekundarschule im *Yale Psychiatric Institute* liegt im Angebot einer Art von Unterrichtung, die die gerichtete Aufmerksamkeit stärken und begriffliches Denken zu fördern sowie den Patienten in den Stand zu versetzen trachtet, trotz seiner Konzentrationsschwächen, seines überinklusiven und egozentrischen Denkens und seiner Wahnideen seine Erziehung und Bildung wiederaufzunehmen. Da viele Patienten niemals etwas über soziale Rollen und gesellschaftliche Institutionen erfahren haben und ihnen wesentliche instrumentale Techniken fehlen, soll die genannte schulische Einrichtung auch als eine Erziehungsagentur dienen – als eine Agentur, die die besonderen kognitiven Einschränkungen des Patienten und seine emotionalen Empfindlichkeiten berücksichtigt –, in der der Patient sich soziale Fertigkeiten und Konventionen aneignen kann, ohne die er in die Isolierung gedrängt wird.

Ein Moratorium

Eine sehr wichtige Funktion der modernen psychotherapeutischen Gemeinschaft liegt in der Modifizierung des Familiensettings, in dem der Patient aufgewachsen ist, einschließlich der Beziehungen der Eltern untereinander wie auch zu dem Patienten, die wir weiter unten erörtern werden – eine Funktion, die von einem privat praktizierenden Psychotherapeuten oder auch in einer ambulanten Klinik nur selten erfüllt werden kann. Nachdrücklich möchte ich auch auf die traditionelle

Rolle psychiatrischer Einrichtungen hinweisen, nämlich auf ihre Rolle als »Zuflucht« vor den Lebensbelastungen, die zur Psychose beigetragen oder sie sogar beschleunigt haben. In diesen Einrichtungen wird dem jugendlichen Patienten, dem es nicht gelungen ist, eine Ich-Identität zu finden oder im Leben als ein einigermaßen autonomer Mensch zurechtzukommen, ein Moratorium gewährt, das ihm erlaubt, seine inneren Kräfte zu mobilisieren und sich dabei therapeutischer Anleitung zu bedienen. Um es noch spezifischer zu formulieren, das Moratorium ist geeignet, der Neigung des Patienten, der von einer akuten psychotischen Desorganisation ergriffen ist und verzweifelt nach Sinn und Lenkung sucht, entgegenzuwirken, eine wahnhafte Lösung seiner Schwierigkeiten zu finden, sich auf der Grundlage seiner Schwierigkeiten neu zu organisieren und so einem chronisch schizophrenen Zustand entgegenzusteuern.

Weckung von Initiative

Um die bei längerer Hospitalisierung drohende Gefahr übermäßiger Abhängigkeit und Regression abzuwenden, muß das Klinikpersonal, einschließlich des Psychotherapeuten, die Initiative des Patienten wie auch seine Sozialisation hegen und fördern. Gerade so wie der Patient ermutigt wird, seinen eigenen Wahrnehmungen und Gefühlen zu vertrauen, so wird er auch ermuntert, selbst Entscheidungen zu treffen, statt sich auf Elternfiguren zu verlassen, die er für gescheiter und kompetenter als sich selbst hält. Der Patient lernt, wie Entscheidungen getroffen werden, erfährt von den Unsicherheiten, die andere verspüren, wenn sie Entscheidungen fällen, indem er an Gruppen teilnimmt, die gemeinsam die Verantwortung für wichtige Aufgaben übernehmen. Die Erfahrung, daß er nicht für sich selbst Entscheidungen fällen, sondern in unterschiedlichem Maße auch Verantwortung für andere übernehmen kann, ist von weitaus größerer Bedeutung und hilft dem Patienten entschieden mehr, als im Zustand der Verwirrung und Unentschlossenheit zu Hause zu bleiben.

Psychiatrische Kliniken werden zwar häufig dafür kritisiert, daß sie keine Psychotherapie anbieten, doch ich glaube, daß für schizophrene Patienten auch solche Kliniken von Nachteil sind, die weiterhin daran festhalten, daß lediglich Einzeltherapie und die Arzt-Patient-Beziehung von ausschlaggebender Bedeutung sind, und die weder die Hospitalisierung zur Sozialisierung und Nacherziehung des Patienten ausnutzen, noch seine schwerwiegenden Familienprobleme zu beheben suchen.

Der Vorgang, den ich der Erörterung der Frage gegeben habe, auf welche Weise die Kenntnis der Familie des Patienten uns Richtlinien für die Psychotherapie an die Hand gibt, soll kein Desinteresse an direkter Arbeit mit der Familie anzeigen. Tatsächlich bezweifele ich, daß mit einem jugendlichen schizophrenen Patienten eine wirksame Therapie durchgeführt werden kann, ohne daß man der Familie, wie sie sich in Wirklichkeit und in der Psyche des Patienten darstellt, erhebliche Aufmerksamkeit widmet. Vernachlässigung der Familie ist häufig einer der Hauptgründe für therapeutische Fehlschläge. Vor allem bei jugendlichen Patienten muß man sich bemühen, die elterlichen Einstellungen gegenüber dem Patienten wie auch die Einstellungen des Patienten gegenüber seinen Eltern zu ändern. Nur zu oft läßt sich bei Einweisung eines Patienten in die Klinik ein Mitglied des Personals von den Eltern eine Lebensgeschichte erzählen, findet die Eltern schwierig und sogar unangenehm und gibt ihnen dann lediglich zu verstehen, sie hätten ihr Kind sachverständigen Stellvertretern übergeben. Natürlich scheint es einfacher zu sein, wenn das Personal sich ohne Einmischung seitens der Familie mit dem Patienten beschäftigen kann – doch man kann die Familienprobleme nicht vermeiden, wenn man die Familie meidet. Das andere Extrem – die Familie zusammen mit dem Patienten zu hospitalisieren, wie Bowen und seine Mitarbeiter es im Rahmen eines Experiments getan haben (1957) – erlaubt dem Patienten keine Loslösung von der Familie, die als eine der Hauptabsichten der Hospitalisierung anzusehen ist.

Gemeinsame Familientherapie kann dann besonders nutzbringend sein, wenn man die interpersonellen und transaktionalen Probleme der Familie in den Mittelpunkt rücken, wenn man die Eltern zu der Erkenntnis bringen will, daß die Störung des Kindes nicht der einzige Grund für ihr Unglück und für ihre Schwierigkeiten ist, und wenn man an den weiterbestehenden Problemen der Familie arbeiten möchte. Dann können Unzulänglichkeiten der familiären Umwelt und ihre störenden Einflüsse zum Vorschein kommen, die sich sonst der Wahrnehmung entziehen mögen, selbst wenn man mit den Eltern und dem Patienten einzeln spricht. Der Patient ist häufig nicht imstande, sich zu gestatten, die egozentrischen Einstellungen der Eltern zu erkennen, bis sie in den Familiensitzungen zutage gefördert werden, und dann braucht er die Hilfe des Therapeuten, um sich gegen sie zur Wehr zu setzen. Mit Hilfe seiner Erfahrungen in Therapiegruppen, in der die Teilnehmer sich gegenseitig herausfordern und zu Abwehrmanövern Stellung nehmen, kann er die Fähigkeit erwerben, einzuschätzen und zu beurteilen, was seine Eltern von sich geben. Dem Patienten fällt es leichter, sich in Gegenwart eines Therapeuten mit dem wirklichen Elternteil auseinanderzusetzen als mit dem Elternteil als einem feindseligen Introjekt. Die junge Frau, die nicht wußte, wie sie einen Büstenhalter einkaufen sollte, machte bis zu Beginn gemeinsamer Familiensitzungen wenig Fortschritte. Sie hatte ihre Mutter für eine vollkommene Frau gehalten, die sich seit langem aufgeopfert hatte, um die Familie finanziell über Wasser zu halten, nachdem der Vater in eine Depression verfallen und arbeitsunfähig geworden war. Obwohl die Mutter für gewöhnlich darauf bestand, die Patientin sei ein normales und hochbegabtes Kind gewesen, so brachte sie doch stets die Sprache darauf, wie schwierig die Patientin als Kind gewesen sei. Sobald die Patientin den Versuch unternahm, ihren Kummer mit den innerfamiliären Beziehungen während ihrer Kindheit und Adoleszenz in den Mittelpunkt der Familiensitzungen zu rücken, deutete ihre Mutter an, mit einem von Geburt an gestörten Kind könnten Eltern keinen Erfolg haben. Ohne große Hilfe seitens des Therapeuten wurden die Widersprüche zum zentralen Thema. In einer entscheidenden Sitzung sah die Tochter ihre Mutter dann in einem anderen Licht. Die Mutter hatte immer wieder darum gebeten, die Tochter möge ein Wochenende zu Hause verbringen, doch bei diesen Sitzungen fiel allmählich auf, daß die Mutter jedesmal, wenn die Patientin die Reise unternehmen konnte, gerade diese Gelegenheit für unpassend hielt. Schließlich kam der Besuch doch noch zustande. Während der darauf folgenden Sitzung kritisierte der Vater die Patientin wegen verschiedener belangloser Versäumnisse während des Wochenendes. Die Patientin machte schließlich die Bemerkung, es sei zwar schön gewesen, daheim zu sein, doch es hätte ihr noch mehr gefallen, wenn der Vater nicht soviel auf ihr herumgehackt hätte. Die Mutter schnappte sofort ein: »Dein Vater hackt nie auf jemandem herum.« Die Patientin schwieg dazu, meinte jedoch später: »Weißt du, Mutter, mir wird gerade klar, daß ich mich in deiner Gegenwart häufig unbehaglich fühle.« Darauf antwortete die Mutter: »Wenn das so ist, dann bist du der einzige Mensch, der das empfindet.« Die (Doppel-)Bindung war geknüpft, allerdings zu offensichtlich, und so kam es zu keinem Streit, zu keinem Gefühlsausbruch, sondern die Patientin begann vielmehr, ihre eigenen Gefühle und Gedanken zu äußern.

Obgleich gemeinsame Familientherapie äußerst nützlich und

bisweilen für die Behandlung von entscheidender Bedeutung sein kann, so ist mir doch häufig nicht ganz wohl dabei, wenn ich feststelle, daß die Untersuchungen über den Zusammenhang zwischen schizophrenen Störungen und den familiären Transaktionen als Beweis dafür genommen werden, daß die gemeinsame Familientherapie die einzig angemessene Behandlungsform für schizophrene Patienten sei. Sie kann den Weg zur Neubewertung und intrapsychischen Neuorganisation elterlicher Introjekte ebnen, doch sie kann aus sich heraus die innerpsychischen Entstellungen und Störungen, die eine Folge vieler Jahre falscher innerfamiliärer Transaktionen sind, nicht ungeschehen machen. Die Aufhebung pathologischer Einflüsse, die während der persönlichkeitsbildenden Jahre wirksam waren, ist selten ohne intensive psychotherapeutische Arbeit mit dem Patienten selbst möglich. Schließlich ist es etwas ganz anders, wenn man in einer Familie Änderungen herbeiführt, solange das Kind noch sehr klein ist und viele prägende Jahre vor sich hat. Für gewöhnlich ist es sehr schwierig, in den Einstellungen der Eltern und den Formen ihrer Beziehung zum Patienten signifikante Veränderungen zu bewirken — auch wenn dies zuweilen mit Hilfe intensiver Einzelarbeit oder direkter Therapie bei einem oder beiden Eltern gelingt. Die Eltern sind nicht mehr in jugendlichem Alter, und ihre Persönlichkeit und ihre Interaktionsmuster haben sich verfestigt. Es ist aber der Mühe wert, denn wenn erste Einbrüche gelungen sind, dann folgen auf Veränderungen in der Familie signifikante Veränderungen beim Patienten. Wenngleich gemeinsame Familientherapie bei den Familienmitgliedern viel zur Klärung von Familienproblemen beizutragen vermag und tiefgreifende Einstellungsänderungen einleiten kann, habe ich aufgrund meiner eigenen Erfahrung Zweifel an ihrer Wirksamkeit, sofern sie als einzige Methode und nicht als Teil eines umfassenderen Behandlungsprogramms sowohl für den Patienten wie für die Familie betrachtet wird.

Eine weitere höchst nützliche Form von Familientherapie wird in offenen Elterngruppen durchgeführt, in Gruppen also, in den die Eltern nicht nur mit anderen, von ähnlichen Problemen geplagten Eltern zusammenkommen und gemeinsam versuchen können, Lösungen zu erarbeiten, sondern in denen sie unter Umständen auch in der Lage sind, bei anderen zu erkennen, was sie bei sich selbst nicht erkennen konnten. Wie jugendliche Patienten in einem Krankenhaus von Gleichaltrigen häufig Einschränkungen und Kritik hinnehmen können, so können die Eltern unter Umständen von anderen Eltern schonungslose Stellungnahmen zu ihrem Verhalten ertragen,

Stellungnahmen, die sie einem Mitglied des Krankenhauspersonals zutiefst übelnehmen und überdies als Voreingenommenheit betrachten würden.

Verständnis für die Probleme von Eltern

Ich finde es auch sehr betrüblich, daß aufgrund der Tatsache, daß die Einstellungen und Interaktionen der Eltern wichtige Determinanten der schizophrenen Störungen darstellen, manche Therapeuten und Familienfürsorger die Eltern wie Schurken behandeln, die das Leben ihrer Patienten ruiniert haben. Natürlich trifft man auf Eltern, die gegenüber dem Patienten offene Feindseligkeit und Ablehnung an den Tag legen, doch solche Umstände rufen bei Adoleszenten oder Erwachsenen für gewöhnlich keine schizophrenen Reaktionen hervor. Die Krankheit des Patienten ist für die Eltern weitaus tragischer als für den Therapeuten, und ihre schädlichen Einflüsse auf den Patienten sind keine böse Absicht, sondern das Ergebnis ihrer eigenen persönlichen Tragödien und ihrer egozentrischen Orientierung. Wären die Eltern nicht schwierig oder eigenartig, dann dürfte es unwahrscheinlich sein, daß der Patient schizophren ist, doch das heißt noch lange nicht, daß sie ihrem Kind nicht intensiv verbunden wären und daß seine Hospitalisierung nicht eine der unglücklichsten Erfahrungen ihres Lebens wäre. Sie benötigen Unterstützungen, soll nicht einer von ihnen oder ihre Ehe unter der Belastung zusammenbrechen.

In der Therapie versuchen wir, und manchmal gelingt es uns sogar, dem Patienten genügend Unabhängigkeit, Rationalität und angemessene Sehweise zu vermitteln, daß er anzuerkennen vermag, daß seine Eltern in ihrer eigenen Kindheit derart unter Entbehrungen gelitten haben, derart in einem Netz verfangen waren, in einem aus den Schwierigkeiten ihrer Eltern geknüpften Netz, daß sie nichts anderes hätten sein können, als sie waren, und daß er, der Patient, ihr Leben nicht retten kann, sondern vielmehr alles ihm Mögliche getan hat, um aus seinem Leben etwas zu machen und die von Generation zu Generation verlängerte pathologische Kette zu sprengen. Dann kann an die Stelle von ambivalenter Feindseligkeit gegenüber den Eltern und von Angst vor ihnen Mitleid mit ihnen treten. Diese mitleidvolle Lösung strebte Tennessee Williams an, als er *Die Glasmenagerie* schrieb, nachdem er lange zuvor aus seinem Elternhaus geflohen war, und suchte Eugene O'Neill in einer Reihe von Schauspielen herauszuarbeiten, die in *Eines langen Tages Reise in die Nacht* gipfelte. Der Patient wird schwerlich ein solches Verständnis erlangen, wenn der Therapeut die Eltern als Schurken ansieht und ihnen gegenüber feindselige Gefühle hegt, statt die Tragödie im Leben der Eltern zu erkennen, so wie er den Patienten zu verstehn und mit ihm zu empfinden sucht.

Die Entlassung des jugendlichen schizophrenen Patienten aus der Klinik, wenn gerade eine gute therapeutische Beziehung hergestellt worden ist, stellt für gewöhnlich eine starke Frustration dar (Fleck, Cornelison, Norton und Lidz, 1957), die verhindert werden kann, wenn man den Problemen und Sorgen der Eltern die angemessene Beachtung schenkt. Die Mutter vermag nicht zu glauben, daß ihr Sohn oder ihre Tochter ohne sie leben kann, eine Besorgnis, die bei vielen Patienten Schulphobien hervorruft und ihre Beziehungen zu Gleichaltrigen beeinträchtigt. Nur jemand, der mit solchen Müttern gearbeitet hat, nachdem ihre Kinder hospitalisiert worden sind, kann ihre schier unerträgliche Angst richtig einschätzen. Eine Mutter, die praktisch durch ihr Kind lebt und ihre Gefühle mit denen des Kindes vermengt, erleidet die Qualen, von denen sie sich vorstellt, daß der Patient sie zu ertragen hat, wenn er von ihr getrennt wird. Eine verwitwete Mutter, deren Sohn während der Zeit, da noch Insulin-Schocktherapie verabreicht wurde, ins Krankenhaus eingeliefert worden war, bestand darauf, genau zu erfahren, wann allmorgendlich der Zustand des Komas beendet war, so daß sie sich telefonisch so bald als möglich vergewissern konnte, daß nichts Schlimmes geschehen war. Als dem Sozialarbeiter klar wurde, daß die Mutter jeden Morgen unter starker Angst litt, richtete er es so ein, daß er sie tagtäglich anrief, was ihm die eifrige Zusammenarbeit einer Frau eintrug, die wiederholt gedroht hatte, ihren Sohn vorzeitig aus dem Krankenhaus abzuholen. Häufig hat eine Mutter das Gefühl, sie müsse die Therapie überwachen, weil nur sie ihr einziges Kind richtig verstehen und versorgen könne. Die Eltern können sich auch vor der wachsenden Zuneigung des Patienten zu dem Therapeuten fürchten und sie als ein völliges Verlassenwerden erfahren. Wenn dann der Patient, was häufig geschieht und Besserung verheißt, gegenüber seinen Eltern Feindseligkeit an den Tag legt, dann sind sie sicher, daß sein Zustand sich verschlechtert hat, und finden Gründe, um ihn aus dem Krankenhaus zu entfernen. Wenn die Eltern das Gefühl haben, daß Angehörige des Personals ihnen gegenüber feindselig gewesen sind oder sie vernachlässigt haben, dann glauben sie unter Umständen noch bereitwilliger, das Krankenhaus wiegele den Patienten gegen sie auf. Solche Krisen muß man vorhersehen und rechtzeitig abwehren. Wenn ein Mitglied des Personals die Probleme der Eltern versteht, sie auf dem laufenden hält und mit ihnen arbeitet, um ihre Besorgnis über den Patienten und ihre Furcht, ihn zu verlieren, zu mildern, dann ist die Wahrscheinlichkeit, daß sie die Therapie abbrechen, geringer. Die Entfernung des Patienten aus der Familie ruft für gewöhnlich eine innerfamiliäre Krise hervor. Die Schwierigkeiten mit dem Patienten dienten dazu, die Unverträglichkeiten der Eltern zu kaschieren. Entweder wird die Mutter ängstlich und depressiv, sobald ihr der wichtige Lebensinhalt genommen wird, oder es kommt zu einem offenen Austausch von Beschuldigungen und Gegenbeschuldigungen, wobei jeder Elternteil den anderen für die Krankheit des Kindes verantwortlich macht, oder ein anderes Kind bekommt die volle Wucht der familiären Schwierigkeiten zu spüren.

Ehe den Eltern nicht die Augen geöffnet werden und ihnen nicht klar wird, daß der Zustand des Kindes lediglich ein Bestandteil der familiären Schwierigkeiten ist, stellt die Familie bisweilen auch ohne den Patienten ein neues Gleichgewicht her. Die Familie schließt sich enger zusammen, sperrt den Patienten aus und lehnt es trotz gegenteiliger empörter Äußerungen ab, irgendeine Verantwortung für den Patienten zu übernehmen.

Stanton und Schwartz (1954) haben wesentlich zum Verständnis des Behandlungsprozesses beigetragen, indem sie darauf hinwiesen, daß Verschlimmerungen in Form von desorganisiertem oder regressivem Verhalten häufig als Reaktion auf Unstimmigkeiten zwischen Mitgliedern des Klinikpersonals über den Patienten auftreten. Aufgrund der Tatsache, daß er im Mittelpunkt der familiären Spannungen und Spaltungen stand, hat der Patient ein feines Gespür entwickelt und versteht es in seiner Rolle als Sündenbock für elterliche Konflikte zuweilen meisterhaft, solche Konflikte zu provozieren. Im Krankenhaus ist er gewöhnlich empfindlich gegenüber geäußerten oder verdeckten Unstimmigkeiten, die seinetwegen zwischen den Eltern oder zwischen den Eltern und dem Krankenhauspersonal bestehen, und, hin und hergerissen von der Loyalität gegenüber der einen oder anderen Partei, verschleiert er die Situation durch regressives Verhalten. Es lohnt die Mühe, zwischen den Eltern zumindest hinsichtlich der Notwendigkeit einer Hospitalisierung und des Behandlungsplanes Einigkeit herzustellen, auch wenn sie in keiner anderen Frage übereinzustimmen vermögen. Mißachtung der Eltern, verbitterte Abkehr von ihnen oder eine herablassende Haltung ihnen gegenüber führen häufig dazu, daß der Zustand des Patienten sich verschlimmert, auch wenn der Psychotherapeut in dem guten Glauben handeln mag, daß er den Patienten auf diese Weise vor dem schädlichen Einfluß der Eltern schützt.

Akute schizophrene Desorganisation und Ehescheidung der Eltern

Eine akute schizophrene Desorganisation stellt sich in der Tat häufig dann ein, wenn der Patient durch die drohende Trennung seiner Eltern in einen unauflöslichen Bind gerät. Der Patient wird durch die miteinander konkurrierenden Eltern in zwei Richtungen gezerrt – eine Verfassung, die sich in den Gedanken von Patienten in Zuständen katatoner Erregung oder Stupor widerspiegelt, in der wahnhaften Furcht, jede Bewegung, die sie vollführten, werde das Gleichgewicht des Universums stören oder Menschen in den Himmel oder in die Hölle befördern. Eine junge Studentin, die bereits mehrere katatone Episoden durchlitten hatte, erklärte bei der Schilderung der Wahnideen während der ersten Episode, sie habe geglaubt, jedermann auf Erden liebe sie, doch sie habe sich auch für das Wohlergehen aller verantwortlich gefühlt. Zu jener Zeit hatten die Eltern endgültig beschlossen, ihre unglückliche Ehe zu beenden. Beide Eltern benutzten die Patientin, ihr ältestes Kind, als Vertraute und suchten sie als Verbündete zu gewinnen. Die Mutter erklärte der Patientin, sie habe Angst, der Vater werde die pubertierende Schwester der Patientin, mit der er häufig zusammen schlafe, verführen. Der Vater sagte ihr im Vertrauen, ihre Mutter sei eine Lesbierin und bilde eine Gefahr für die drei Töchter. Der früher erwähnte Patient, dessen Mutter mit ihm »wie Mann und Frau« zusammen geschlafen hatte, war in immer stärkere Erregung und Raserei geraten, nachdem sein Vater das Haus verlassen hatte, um die Scheidung zu erwirken. Er suchte zunächst seine Angst davor, mit der Mutter allein zu leben, dadurch abzuwehren, daß er eine Freundin mit nach Haus brachte, um mit ihr zu schlafen, was jedoch nur neue Komplikationen und Konflikte mit sich brachte. Er fürchtete sich nicht nur vor dem sexuell verführerischen Verhalten seiner Mutter, sondern auch davor, mit der Verantwortung allein gelassen zu sein, sie glücklich zu machen, etwas, das sein Vater nie hatte erreichen können. Wenn man sich klarmacht, daß ein akut gestörter Patient auf die bevorstehende Auflösung der Ehe seiner Eltern reagiert, auf eine Ehescheidung, die ihn zwischen den Eltern hin und herreißt oder ihn mit der Angst erfüllt, unwiderruflich an die Aufgabe gebunden zu sein, das Leben eines Elternteils zu retten, wenn man sich dies klarmacht, dann vermag man ein beträchtliches Stück therapeutischer Arbeit zu leisten, auch wenn der Patient nicht zugänglich ist. Ein Jugendlicher im Alter von sechzehn Jahren wurde in einem extrem starken Erregungszustand in die Klinik eingewiesen. Er glaubte, eine Atombombe habe die Stadt vernichtet, er allein habe überlebt und niemand außer ihm existiere wirklich. Während der Monate, in denen sich kein Kontakt zu ihm herstellen ließ, war es möglich, die Beziehung der Eltern so zu ändern, daß sie ihren Plan, sich zu trennen, aufgaben. Die Mutter, die behauptete, sie sei bei ihrem hoch exzentrischen Mann nur der Kinder wegen geblieben, war zunächst noch entschlossener, ihn zu verlassen, da sie ihm die Schuld an der Psychose ihres Sohnes gab. Doch im Verlauf der Gespräche wurde ihr klar, daß sie beide ihren Teil Schuld trugen: Aus ihrer Ehe war nie ein richtiges Familienleben geworden, weil beide in pathologischer Weise an ihrer Herkunftsfamilie hingen, die ihrerseits die menschliche Qualität des jeweils anderen Ehepartners in Zweifel zog. Der Patient, der lange Zeit versucht hatte, die Spaltung zwischen den Eheleuten zu überbrücken, war vor der Aussicht, in Abwesenheit seines grandiosen Vaters die Hauptstütze seiner Mutter zu sein, in panische Angst geraten. Als die Eltern während der Krise vom Krankenhauspersonal emotionale Unterstützung erhielten, ließen sie allmählich davon ab, einander zu beschuldigen, und fingen an, sich ihren Unzulänglichkeiten als Eheleuten und Eltern zu stellen. Sie gaben einander ausreichend Unterstützung, um den Würgegriff lockern zu können, mit dem sie ihren Sohn festgehalten hatten, und vermochten schließlich den Ratschlag zu akzeptieren, ihren Sohn nach der Genesung auf eine Vorbereitungsschule zu schicken. Ihre Schwierigkeiten waren damit noch längst nicht behoben – die hoch pathologische Verfassung des Vaters schloß eine schnelle Lösung aus –, doch sie konnten sich damit einrichten, daß ihr Sohn außerhalb des Hauses lebte und nicht länger in ihre Probleme verwickelt wurde.

Grenzen der Familienänderung

Wir möchten glauben, daß wir die familiären Transaktionen ändern und die Einstellungen der Eltern so weit modifizieren können, daß der Patient die Möglichkeit erhält, zu normaleren

Verhaltensweisen zurückzukehren und seine Entwicklung fortzusetzen. Das Ziel ist erstrebenswert und wird auch gelegentlich erreicht, doch Therapeuten, die sehr wohl wissen, daß Monate oder Jahre erforderlich sind, um beim Patienten signifikante Veränderungen herbeizuführen, erwarten nur zu häufig, daß die Eltern ihre Reaktionsweisen und ihre Beziehungsformen ändern, einfach aus dem Grunde, weil man ihnen gesagt hat, daß dem Patienten damit Schaden zugefügt wird, und sie erwarten dies, obwohl die Verhaltensweisen der Eltern häufig starrer sind und stärker verteidigt werden als die des Patienten.

Die Pathologie der Familie ist umfassend, sie kann nur unter glücklichen Umständen und mit Hilfe langwieriger, intensiver therapeutischer Arbeit mit der Familie beseitigt werden. Aus ihr entsteht eine pathogene Umwelt, vor allem für den Patienten, der dafür sensibilisiert worden ist. Selbst nach einem längeren Krankenhausaufenthalt ist es für den Patienten nicht ratsam, zu seiner Familie zurückzukehren. Um eine solche Trennung zu ermöglichen, ist erhebliche Arbeit sowohl mit den Eltern wie mit dem Patienten erforderlich, doch diese Mühe ist häufig von entscheidender Bedeutung, wenn das Leben des Patienten endgültig und dauerhaft geändert werden soll.

Bedürfnis nach umfassender Therapie

Ich habe darzustellen versucht, daß für die Behandlung jugendlicher schizophrener Patienten mehr notwendig ist als individuelle Psychotherapie und mehr als eine kurze Hospitalisierung und Medikamente wie Neuroleptika. Obwohl einige Patienten nach einer akuten schizophrenen Desorganisation mit relativ geringfügiger Unterstützung zu einer neuen Integration finden und einige anschließend sogar mehr Verständnis für sich und andere aufbringen sowie ihre Fähigkeiten voller ausschöpfen, sind die meisten Patienten doch auf intensive, langwierige Behandlung angewiesen, wenn man verhindern will, daß sie für immer lebensuntüchtig bleiben und anfällig für erneute Krankheitsschübe oder daß sie sogar chronisch psychotisch werden. Die Untersuchungen an Patienten vor dem Hintergrund des Familiensettings, in dem sie aufgewachsen sind, haben uns erkennen lassen, von welcher Wichtigkeit die Bedürfnisse des Patienten nach sozialisierenden Erfahrungen und nach kognitivem Training wie auch nach Änderung der elterlichen Einstellungen und der familiären Transaktionen sind. Ich glaube allerdings, daß Psychotherapie, und für gewöhnlich eher Einzel- als Gruppenpsychotherapie, das Kernstück der Behandlung bildet. Die therapeutische Beziehung gibt dem Patienten die Möglichkeit, sich seiner Desillusionierung und Verzweiflung zu entledigen, eine Voraussetzung für Vertrauen und Wiederaufnahme von Beziehungen, und sodann seine Internalisierungen signifikanter Personen in seinem Leben durchzuarbeiten, und ausreichende Ichstärke zu gewinnen, um sein Leben in die richtigen Bahnen zu lenken.

Grenzen gewisser Therapien

Bei meinen Überlegungen zur Frage, was die Familienuntersuchungen und die aus ihnen abgeleitete Theorie für die Aufhellung der therapeutischen Bedürfnisse schizophrener Patienten zu leisten vermögen, habe ich mich bemüht, auf die Mängel gewisser therapeutischer Methoden hinzuweisen, die man bislang vertreten hat – die Deutungen der »direkten Analyse«, das Konzept, dem der Gedanke zugrunde liegt, der Therapeut müsse den Patienten lieben und auf ihn angewiesen sein, der ausschließlich auf die gemeinsame Familientherapie bauende Ansatz, der ausschließliche Einsatz von Individualpsychotherapien, die Vermeidung von Hospitalisierungen. Ehe ich zum Schluß komme, kann ich wegen der Bedeutung, die sie in den letzten Jahren erlangt hat, nicht umhin, noch zu einer therapeutischen Haltung Stellung zu nehmen, die von Laing und seinen Nachfolgern befürwortet wird, eine Haltung, die zu einer Art therapeutischem Nihilismus führen kann (Laing, 1962). Die besagten Psychiater, selbst in existentieller Verzweiflung befangen, vermitteln ihren Patienten wie der Welt allgemein die Ansicht, daß in dieser sinnlosen und korrupten Welt ein sensibler und aufgeschlossener Mensch im üblichen gesellschaftlichen Sinne des Wortes nicht gesund bleiben könne. Nach dieser Auffassung sollen schizophrene Episoden eine wohltuende Wirkung haben – und einige Psychiater treten dafür ein, bei Patienten LSD zu verwenden, um auf diese Weise das Bewußtsein für die sinnvollere und gültigere »innere Realität« zu stärken. Mag man auch über den Zustand der Kultur und Zivilisation noch so unglücklich sein, es ist ein Trugschluß, schizophrene Störungen mit einer tieferen Gesundheit gleichzusetzen. Wenn auch hoch schöpferische Menschen gelegentlich schizophren werden, so ist man doch nur selten kreativ, wenn man schizophren ist. Tatsächlich sind die Produktionen schizophrener Patienten vielmehr überraschend stereotyp und zeigen immer die gleichen Merkmale. Es ist möglich, einen zeitweiligen therapeutischen Gewinn zu erzielen, wenn man das Gefühl von Sinnlosigkeit, von dem die Familie des Patienten durchdrungen ist, zum Vorschein bringt und ihm Glauben schenkt, damit die von widersprüchlichen Botschaften der Eltern hervorgerufene Konfusion vermindert wird, und wenn man den Patienten in seinem Gefühl bestärkt, daß es sinnlos sei, zu hoffen. Doch solche Gewinne sind nur von begrenztem Wert, da der Patient anschließend keinerlei Hoffnung und keinerlei positive Ausrichtung hat, ausgenommen, daß er sich zu einer »Elite« zählt, die sich überlegen fühlt, weil sie sich der Vergeblichkeit und Sinnlosigkeit des Lebens bewußt ist. Die Verzweiflung des Schizophrenen bezieht sich nicht auf den Zustand der Welt oder die Perfidität von Politikern, sondern rührt von Gefühlen über die wenigen hochsignifikanten Personen in seinem Leben her. Ein Therapeut, der von seinen eigenen verheerenden Erfahrungen mit einer aufdringlichen und zugleich unzugänglichen Mutter auf alle Mütter schließt, ist genauso egozentrisch orientiert wie die Eltern schizophrener Patienten. Wer die Desintegration der Familie begünstigt, weil seine eigene Familie und die schizophrener Patienten einen destruktiven Einfluß hatten, bestärkt in gleicher Weise die Verzweiflung des Patienten, jemals eine dauerhafte sinnvolle Beziehung zu finden, und ihm fehlt es überdies an der Erkenntnis, daß sich viele Gründe anführen lassen, warum eine stabile menschliche Entwicklung und eine sinnerfüllte Existenz ohne die Familie als eine grundlegende soziale Institution praktisch unmöglich sind (Lidz, 1963).

Die Erkenntnis, daß das Leben in sich ohne Sinn ist, stellt keine neue existentielle Einsicht dar, wie die Lektüre des Predigers Salomon erkennen läßt; und für viele nicht-religiös orientierte Existentialisten bedeutet Weisheit, die naturgegebene Sinnlosigkeit des Universums hinzunehmen und eine Möglichkeit zu finden, das einmalige, unwiederbringliche Abenteuer des Lebens als persönlich lohnend und der Mühe wert zu gestalten. Für viele bedeutet dieses Bemühen, daß man lernt, wie eine tiefe und sinnvolle Beziehung zu pflegen ist, und daß man sein Leben unter ein Ideal stellt, das das eigene Selbst übersteigt und transzendiert – vielleicht indem man sich bemüht, das Leben für andere befriedigender und lohnender zu machen –, während indessen die Welt sich weiter sinnlos im Kreise dreht und womöglich Nationen und Kulturen entstehen und zugrunde gehen.

Ich habe versucht, den Nachweis zu führen, daß unser Verständnis der Natur und des Ursprungs schizophrener Störungen uns bei unseren therapeutischen Bemühungen zu leiten vermag. Obwohl die schließlich eingesetzte Therapie aufgrund von Unterschieden zwischen den einzelnen Patienten und Therapeuten unterschiedlich ausfallen wird, so scheinen doch für alle psychotherapeutischen Methoden bestimmte Elemente von grundlegender Bedeutung zu sein: Diese Elemente haben mit der Art und Weise zu tun, wie ein Therapeut die Beziehung zu einem Patienten gestaltet, der die Hoffnung aufgegeben hat, der in Verwirrung geraten ist, aufgrund der Bedürfnisse seiner Eltern, ihrer Selbsttäuschung und ihres Unvermögens, den Patienten als eigenständiges Individuum mit eigenen Bedürfnissen und Gefühlen zu betrachten und zu respektieren. Entscheidend bei dem Versuch, den Patienten von seinen Rückzugstendenzen, seiner Desillusionierung und seinen eigentümlichen Verständnisweisen zu befreien, sind Aufgeschlossenheit und Offenheit – eine Bereitschaft, die Erfahrungen des Patienten zu prüfen, ihre Gültigkeit als bestimmte Erfahrungsweisen anzuerkennen und sein verzweifeltes Bedürfnis zu würdigen, in seiner chaotischen Umwelt irgendeine Bedeutung zu entdecken; ferner der Versuchung aus dem Wege zu gehen, als allwissend zu erscheinen, und die Individualität des Patienten und seinen Wunsch zu respektieren, ein eigenes Leben zu führen; über die Fähigkeit zu verfügen, seiner Verzweiflung in sinnvoller Weise durch die Zuversicht zu begegnen, daß das Leben sinnvoll und lebenswert sein kann. Für manche Therapeuten heißt das Herstellen einer solch tiefgehenden Beziehung ganz schlicht und einfach, von und mit dem Patienten zu lernen und, statt ihn zu »behandeln«, zusammen mit ihm ein Leben, sein Leben, zu erforschen.

Literaturverzeichnis

Alanen, Y. O. (1958), The Mothers of Schizophrenic Patients. In: *Acta Psychiat. Neurol. Scand.* Suppl. 124.
— (1966), The Family in the Pathogenesis of Schizophrenic and Neurotic Disorders. In: *Acta Psychiat. Neurol. Scand.* 42. Suppl. 189.

Bateson, G., Jackson, D., Haley, J., und J. Weakland (1956), Toward a Theory of Schizophrenia. In: *Behav. Sci.* 1, 251–264.
Bleuler, E. (1911), *Dementia Praecox or the Group of Schizophrenias.* New York 1950.
Bosse, H. (1901–1904), *The Letters of Strindberg to Harriet Bosse.* Übers. u. herausg. v. A. Paulson. New York 1959.
Bowen, M., Dysinger, R., Brodey, W., und B. Basamania (1957), *Study and Treatment of Five Hospitalized Families Each with a Psychotic Member.* Vorgelegt auf der Jahrestagung der American Orthopsychiatric Association.
Bowers, M. (1973), *The Structure of Psychotic Consciousness.* In Vorb.
Brown, R. (1958), *Words and Things.* Glencoe, Ill.
Bruch, H., und S. Palombo (1961), Conceptual Problems in Schizophrenia. In: *J. Nerv. Ment. Dis.* 132, 114–117.

Cameron, N. (1938), Reasoning, Regression and Communication in Schizophrenics. In: *Psychological Monographs*, Nr. 221.
Cooper, D. (1971), *Death of the Family.* New York. Dt.: *Der Tod der Familie.* Reinbek 1972.

Delay, J., Deniker, P., und A. Green (1957), Le milieu familial des schizophrènes: 1. Proposition du Problème. In: *L'Encéphale* 46, 189–232.
– – – (1960), Le milieu familial des schizophrènes: 2. Méthode d'approache. In: *L'Encéphale* 49, 1–21.
– – – (1962), Le milieu familial des schizophrènes: 3. Résultats et Hypothèses. In: *L'Encéphale* 51, 5–73.

Erikson, E. (1950), Growth and Crises of the ›Healthy Personality‹. In: *Symposium on the Healthy Personality.* Bd. 2: *Problems of Infancy and Childhood,* herausg. v. M. J. E. Senn. New York. Dt.: *Jugend und Krise. Die Psychodynamik im sozialen Wandel.* Stuttgart 1970.

Federn, P. (1952), *Ego Psychology and the Psychoses,* herausg. v. E. Weiss. New York.

Ferenczi, S. (1913), Entwicklungsstufen des Wirklichkeitssinnes. In: S. Ferenczi, *Schriften zur Psychoanalyse*, Bd. 1, Reihe ›Conditio humana‹, S. Fischer, Frankfurt (Main) 1970.

Fleck, S., Cornelison, A., Norton, N., und Th. Lidz (1957), The Intrafamilial Environment of the Schizophrenic Patient: II. Interaction Between Hospital Staff and Families. In: *Psychiat.* 20, 343–350.

Fleck, S., Freedman, D., Cornelison, A., Lidz, Th., und D. Terry (1957), The Family Environment of Schizophrenic Patients: V. The Understanding of Symptomatology through the Study of Family Interaction. In: *Schizophrenia and the Family* v. Th. Lidz, S. Fleck u. A. Cornelison. New York 1965.

Fleck, S., Lidz, Th., Cornelison, A., Schafer, S., und D. Terry (1959), The Intrafamilial Environment of the Schizophrenic Patient: Incestuous and Homosexual Problems. In: *Individual and Familial Dynamics*, herausg. v. J. Masserman. New York. Dt.: Inzestuöse und homosexuelle Problematik. In: *Zur Familienumwelt des Schizophrenen*. Sonderdruck »Psyche« XIII. Jahrg. 1959/60, Heft 5/6, S. 331.

Flügel, J. C. (1921), *The Psycho-Analytic Study of the Family*. London.

Freud, S. (1891), *Zur Auffassung der Aphasien*. Wien.

— (1900), *Die Traumdeutung*, Gesammelte Werke (G. W.), Bd. 2/3, S. Fischer, Frankfurt (Main).

— (1911), *Psychoanalytische Bemerkungen über einen autobiographisch beschriebenen Fall von Paranoia (Dementia paranoides)*, G. W., Bd. 8, S. 239.

— (1913), *Totem und Tabu*, G. W., Bd. 9.

— (1914), *Zur Einführung des Narzißmus*, G. W., Bd. 10, S. 137.

— (1927), *Die Zukunft einer Illusion*, G. W., Bd. 14, S. 323.

Fromm-Reichmann, F. (1939), Transference Problems in Schizophrenics. In: *Psychoanal. Quart.* 8, 412–426.

Greenson, R. (1954), The Struggle Against Identification. In: *J. Amer. Psychoanal. Assn.* 2, 200–217.

Haley, J. (1959), The Family of the Schizophrenic: A Model System. In: *J. Nerv. Ment. Dis.* 129, 357–374.

Harlow, H. (1958), The Nature of Love. In: *Amer. Psychol.* 13, 673.

Heston, L. (1970), The Genesis of Schizophrenia and Schizoid Disease. In: *Science* 167, 249–256.

Hill, L. (1955), *Psychotherapeutic Intervention in Schizophrenia*. Chicago.

Inhelder, B., und J. Piaget (1958), *De la logique de l'enfant à la logique de l'adolescent*.

Johnson, A. Giffin, M., Watson, J., und P. Beckett (1956), Studies in Schizophrenia at the Mayo Clinic: II. Observations on Ego Functions in Schizophrenia. In: *Psychiat.* 19, 143–148.

Jung, C. (1900), *Über die Psychologie der Dementia Praecox.* Frühe Schriften II. C. G. Jung – Studienausgabe. Olten 1972.

Kallmann, F. J. (1946), The Genetic Theory of Schizophrenia: An Analysis of 691 Schizophrenic Twin Index Families. In: *Amer. J. Psychiat.* 103, 309–322.

Kety, S. (1959a), Biochemical Theories of Schizophrenia. Part I. In: *Science* 129, 1528–1532.

— (1959b), Biochemical Theories of Schizophrenia. Part II. In: *Science* 129, 1590–1596.

Kringlen, E. (1964), Schizophrenia in Male Monozygotic Twins. In: *Acta Psychiat. Neurol. Scand.* Suppl. 178.

Laing, R. (1962), *The Self and Others: Further Studies in Sanity and Madness.* London. Dt.: *Das Selbst und die Anderen.* Köln 1973.

Laing, R., und A. Esterson (1964), *Sanity, Madness and the Family.* London. Dt.: *Wahnsinn und Familie. Familien von Schizophrenen.* Köln 1975.

Langfeldt, S. (1953), Some Points Regarding the Symptomatology and Diagnosis of Schizophrenia. In: *Acta. Psychiat. Neurol. Scand.* Suppl. 80.

Leach, E. (1966), Anthropological Aspects of Language: Animal Categories and Verbal Abuse. In: *New Directions in the Study of Language,* herausg. v. E. Lenneberg. Cambridge, Mass.

Lewis, M. M. (1964), *Language, Thought and Personality in Infancy and Childhood.* New York.

Lidz, R. W., und Th. Lidz (1949), The Family Environment of Schizophrenic Patients. In: *Amer. J. Psychiat.* 106, 332–345.

Lidz, R. W., und Th. Lidz (1952), Therapeutic Considerations Arising from the Intense Symbiotic Needs of Schizophrenic Patients. In: *Psychotherapy with Schizophrenics,* herausg. v. E. Brody und F. Redlich. New York.

— — (1969), Homosexual Tendencies in Mothers of Schizophrenic Women. In: *J. Nerv. Ment. Dis.* 149, 229–235.

Lidz, Th. (1939), A Study of the Effect of Right Frontal Lobectomy on Intelligence and Temperament. In: *J. Neurol. Psychiat.* 2, 211–222.

— (1942), The Amnestic Syndrome. In: *Arch. Neurol. Psychiat.* 47, 588–605.

— (1949), The Analysis of a Prefrontal Lobe Syndrome and Its Theoretic Implications. In: *Arch. Neurol. Psychiat.* 62, 1–26.

— (1963), *The Family and Human Adaptation.* New York. Dt.: *Familie und psychosoziale Entwicklung,* Reihe ›Conditio humana‹, S. Fischer, Frankfurt (Main) 1971.

— (1968a), *The Person*. New York.
— (1968b), The Family, Language, and the Transmission of Schizophrenia. In: *The Transmission of Schizophrenia*, herausg. v. D. Rosenthal und S. Kety. Oxford.
— (1969a), Family Settings that Produce Schizophrenic Offspring. In: *Problems of Psychosis*. Amsterdam (Excerpta Medica International Congress Series Nr. 194).
— (1969b), The Influence of Family Studies on the Treatment of Schizophrenia. In: *Psychiatry* 32, 237–251.
— (1972a), Egocentric Cognitive Regression and a Theory of Schizophrenia. In: *Proceedings of the Fifth World Congress on Psychiatry*. Amsterdam (Excerpta Medica International Congress Series).
— (1972b), Schizophrenic Disorders: The Influence of Conceptualizations on Therapy. In: *Psychotherapy of Schizophrenia*. Amsterdam.
Lidz, Th., Cornelison, A., und S. Fleck (1965), The Limitations of Extrafamilial Socialization. In: *Schizophrenia and the Family* v. Th. Lidz, S. Fleck, und A. Cornelison. New York.
Lidz, Th., Cornelison, A., Fleck, S., und D. Terry (1957a), The Intrafamilial Environment of the Schizophrenic Patient: I. The Father. In: *Psychiat.* 20, 329–342. Dt.: Der Vater. In: *Zur Familienumwelt des Schizophrenen*. Sonderdruck *Psyche* XIII, Jahrg. 1959/60, Heft 5/6, S. 268.
Lidz, Th., Cornelison, A., Fleck, S., und D. Terry (1957b), The Intrafamilial Environment of the Schizophrenic Patient: II. Marital Schism and Marital Skew. In: *Amer. J. Psychiat.* 114, 241–248. Dt.: Spaltung und Strukturverschiebung in der Ehe. In: *Zur Familienumwelt des Schizophrenen*. a.a.O., S. 288.
Lidz, Th., Cornelison, A., Singer, M., Schafer, S., und S. Fleck (1965), The Mothers of Schizophrenic Patients. In: *Schizophrenia and the Family* v. Th. Lidz, S. Fleck, und A. Cornelison. New York.
Lidz, Th., Cornelison, A., Terry, D., und S. Fleck (1958), Intrafamilial Environment of the Schizophrenic Patient: VI. The Transmission of Irrationality. In: *Arch. Neurol. Psychiat.* 79, 305 bis 316. Dt.: Irrationalität als Familientradition. In: *Zur Familienumwelt des Schizophrenen*. a.a.O., S. 316.
Lidz, Th., und S. Fleck (1965), Family Studies and a Theory of Schizophrenia. In: *The American Family in Crisis*. Des Plaines, Ill.
Lidz, Th., Fleck, S., und A. Cornelison (1965), *Schizophrenia and the Family*. New York.
Lidz, Th., Gay, J., und C. Tietze (1942), Intelligence in Cerebral Deficit States and Schizophrenia Measured by Kohs Block Test. In: *Arch. Neurol. Psychiat.* 48, 568–582.
Lidz, Th., und R. Kahn (1946), Toxicity of Quinacrine (Atabrine) for the Central Nervous System: III. An Experimental Study of Human Subjects. In: *Arch. Neurol. Psychiat.* 56, 284–299.

Lidz, Th., Wild, C., Schafer, S., Rosman, B., und S. Fleck (1963), Thought Disorders in the Parents of Schizophrenic Patients: A Study Utilizing the Object Sorting Test. In: *J. Psychiat. Res.* 1, 193–200.

Lorenz, M. (1955), Expressive Behaviour and Language Patterns. In: *Psychiat.* 18, 353–366.

— (1957), Expressive Form in Schizophrenic Language. In: *Arch. Neurol. Psychiat.* 78, 643–652.

— (1961), Problems Posed by Schizophrenic Language. In: *Arch. Gen. Psychiat.* 4, 603–610.

— (1963), Critism as Approach to Schizophrenic Language. In: *Arch. Gen. Psychiat.* 9, 235–245.

Lovibond, S. (1953), The Object Sorting Test and Conceptual Thinking in Schizophrenia. In: *Australian J. Psychol.* 5, 52–70.

Macalpine, I., und R. Hunter (1953), The Schreber Case: A Contribution to Schizophrenia, Hypochondria, and Psychosomatic Symptom-Formation. In: *Psychoanal. Quart.* 22, 328–371.

Mac Mahon, B. (1968), Gene-Invironment Interaction in Human Disease. In: *The Transmission of Schizophrenia*, herausg. v. D. Rosenthal, und S. Kety. Oxford.

McConaghy, N. (1959), The Use of an Object Sorting Test in Elucidating the Hereditary Factor in Schizophrenia. In: *J. Neurol. Neurosurg. Psychiat.* 22, 243–246.

Mahler, M. (1968), *On Human Symbiosis and the Vicissitudes of Individuation.* New York. Dt.: *Symbiose und Individuation. Bd. 1: Psychosen im frühen Kindesalter.* Stuttgart 1972.

Meehl, P. (1962), Schizotaxia, Schizotypy, Schizophrenia. In: *Amer. Psychologist* 17, 827–838.

Meyer, A. (1957), *Psychobiology: A Science of Man.* Springfield.

Parsons, T., und R. Bales (1955), *Family, Socialization and Interaction Process.* Glencoe, Ill.

Piaget, J. (1972), *Sprechen und Denken des Kindes.* Düsseldorf.

— (1929), *The Child's Conception of the World.* Paterson, New Jersey 1963.

— (1969), *Das Erwachen der Intelligenz beim Kinde.* Stuttgart.

— (1969), *Nachahmung, Spiel und Traum.* Stuttgart.

Pollin, W., Stabenau, J., und J. Tupin (1965), Family Studies with Identical Twins Discordant for Schizophrenia. In: *Psychiat.* 28, 60–78.

Reichard, S., und C. Tillman (1950), Patterns of Parent-Child Relationships in Schizophrenia. In: *Psychiat.* 13, 247–257.

Reilly, F., Harrow, M., und G. Tucker (1973), Language and Thought Content in Acute Psychoses. In: *Amer. J. Psychiat.* Im Druck.

Rosen, J. (1947), The Treatment of Schizophrenic Psychosis by Direct Analytic Therapy. In: *Psychiat. Quart.* 21, 3–25.

Rosenbaum, C. P. (1961), Patient-Family-Similarities in Schizophrenia. In: *Arch. Gen. Psychiat.* 5, 120–126.

Rosman, B., Wild, C., Ricci, J., Fleck, S., und Th. Lidz (1964), Thought Disorders in the Parents of Schizophrenic Patients: A Further Study Utilizing the Object Sorting Test. In: *J. Psychiat. Res.* 2, 211–221.

Rubenstein, R. (1972), *Mechanism for Survival after Psychosis and Hospitalization.* Vorgelegt auf der Jahrestagung der American Psychoanalytic Association, Dallas, Texas.

Sapir, E. (1949), *Selected Writings of Edward Sapir in Language, Culture and Personality.* Berkeley, Calif.

Schachtel, E. (1959), The Development of Focal Attention and the Emergence of Reality. In: *Metamorphosis: On the Development of Affect, Perception, Attention and Memory.* New York.

Searles, H. (1959), The Effort to Drive the Other Person Crazy: An Element in the Aetiology and Psychotherapy of Schizophrenia. In: *Brit. J. Med. Psychol.* 32, 1–18.

Shakow, D. (1962), Segmental Set. In: *Arch. Gen. Psychiat.* 6, 1–17.

Singer, M., und L. Wynne (1965a), Thought Disorder and Family Relations of Schizophrenics: III. Methodology Using Projective Techniques. In: *Arch. Gen. Psychiat.* 12, 187–200.

— — (1965b), Thought Disorder and Family Relations of Schizophrenics: IV. Results and Implications. In: *Arch. Gen. Psychiat.* 12, 201–212.

— — (1966), Principles for Scoring Communication Defects and Deviances in Parents of Schizophrenics: Rorschach and TAT Scoring Manuals. In: *Psychiat.* 29, 260–288.

Spiegel, J. (1957), The Resolution of Role Conflict Within the Family. In: *Psychiat.* 20, 1–16.

Stanton, A., und M. Schwartz (1954), *The Mental Hospital: A Study of Institutional Participation in Psychiatric Illness and Treatment.* New York.

Strindberg, A. (1897), *Inferno.* Übers. v. Mary Sandbach. London 1962.

— (1901), *Easter.* Übers. v. Elizabeth Sprigge. Garden City, N. Y. 1955. Dt.: *Ostern.* Stuttgart.

Sullivan, H. S. (1931/32), The Modified Psychoanalytic Treatment of Schizophrenia. In: *Amer. J. Psychiat.* 88, 519–540.

Tienari, P. (1963), Psychiatric Illness in Identical Twins. In: *Acta Psychiat. Neurol. Scand.* Suppl. 171.

U.S. Surgeon-General's Office 1929. *The Medical Department of the United States Army in the World War.* Vol. X: *Neuropsychiatry.* Washington, D.C.

Vogel, E., und N. Bell (1960), The Emotionally Disturbed Child as the Family Scapegoat. In: *A Modern Introduction to the Family*, herausg. v. N. Bell, und E. Vogel, Glencoe, Ill.

Wygotski, L. S. (1962), *Denken und Sprechen*, Reihe ›Conditio humana‹, S. Fischer, Frankfurt (Main) 1972 (4. Aufl.).

Watzlawick, P. (1963), A Review of the Double-Bind Theory. In: *Family Proc.* 2, 132–153.

Weakland, J. (1960), The ›Double-Bind‹ Hypothesis of Schizophrenia and Three-Party Interaction. In: *The Etiology of Schizophrenia*, herausg. v. D. Jackson, New York.

Wender, P., Rosenthal, D., Zahn, T., und S. Kety (1971), The Psychiatric Adjustment of the Adopting Parents of Schizophrenics. In: *Amer. J. Psychiat.* 127, 1013–1018.

Whorf, B. (1956), *Language, Thought and Reality: Selected Writings of Benjamin Lee Whorf*, herausg. v. J. Carroll. Cambridge, Mass. Dt.: *Sprache, Denken, Wirklichkeit*. rowohlts deutsche enzyklopädie Nr. 174, Reinbek 1963.

Wild, C. (1965), Disturbed Styles of Thinking. In: *Arch. Gen. Psychiat.* 13, 464–470.

Wild, C., Singer, M., Rosman, B., Ricci, J., und Th. Lidz (1965), Measuring Disordered Styles of Thinking in the Parents of Schizophrenic Patients on the Object Sorting Test. In: *Schizophrenia and the Family* v. Th. Lidz, S. Fleck, und A. Cornelison. New York.

Wyatt, R., Termini, B., und J. Davis (1971), Biochemical and Sleep Studies of Schizophrenia: A Review of the Literature 1960–1970. Part I. Biochemical Studies. In: *Schizophrenia Bulletin*, No. 4.

Wynne, L., Ryckoff, I., Day, J., und S. Hirsch (1958), Pseudo-Mutuality in the Family Relations of Schizophrenics. In: *Psychiat.* 21, 205–220.

Wynne, L., und M. Singer (1963a), Thought Disorder and Family Relations of Schizophrenics: I. A. Research Strategy. In: *Arch. Gen. Psychiat.* 9, 191–198.

Wynne, L., und M. Singer (1963b), Thought Disorder and Family Relations of Schizophrenics. II. A Classification of Forms of Thinking. In: *Arch. Gen. Psychiat.* 9, 199–206.

Namen- und Sachregister

Psychologie

Arthur Janov · Der Urschrei (6286)

C. G. Jung · Bewußtes und Unbewußtes (6058): Über die Psychologie des Unbewußten (6299); Über Grundlagen der Analytischen Psychologie. Die Tavistock Lectures 1935 (6302)

Kritik der bürgerlichen Psychologie (6198)

Marxismus Psychoanalyse Sexpol, Band 1: Dokumentation (6056), Band 2: Aktuelle Diskussion (6072)

Paul Moor · Das Selbstporträt des Jürgen Bartsch (1187)

Tilmann Moser · Jugendkriminalität und Gesellschaftsstruktur (6158)

Christine Mylius · Traumjournal (1737)

A. S. Neill, u. a. · Die Befreiung des Kindes (6285)

Robert Ornstein · Die Psychologie des Bewußtseins (BdW 6317 / DM 6,80)

Reuben Osborn · Marxismus und Psychoanalyse. (6279)

Ulrich K. Preuß · Bildung und Herrschaft (6269); Psychoanalyse und Erziehungspraxis (6076)

Ola Raknes · Wilhelm Reich und die Orgonomie (6225)

Josef Rattner · Wirklichkeit und Wahn (6312); Aggression und menschliche Natur (6173); Der schwierige Mitmensch (6186); Gruppentherapie (6223); Psychotherapie als Menschlichkeit (6253); Neue Psychoanalyse und intensive Psychotherapie (6266)

Wilhelm Reich · Die sexuelle Revolution (6093); Die Entdeckung des Orgons: Die Funktion des Orgasmus (6140); Charakteranalyse (6191); Die Massenpsychologie des Faschismus (6250); Der Einbruch der sexuellen Zwangsmoral (6268)

Hartwig Röhm · Kindliche Aggressivität (6310)

Otto Rühle · Zur Psychologie des proletarischen Kindes (6280)

Manès Sperber · Alfred Adler oder Das Elend der Psychologie (6139)

Gerhard Studynka · Hirnforschung (6254)

Harry S. Sullivan · Das psychotherapeutische Gespräch (6313)

Renate Witte-Ziegler · Ich und die anderen. Protokolle einer gruppentherapeutischen Behandlung (6323)

Hans Zulliger · Heilende Kräfte im kindlichen Spiel (Bd. BdW 6006 / DM 3,80); Die Angst unserer Kinder (6098)

FISCHER
TASCHENBÜCHER